本书出版获得澳门理工学院资助

澳门渔业发展调查

吴绍宏◎著

人民出版社

序一

濒临大海的澳门，最早无疑是从渔之地。受生态环境、渔业资源、地缘经济、人文因素等影响，澳门的渔业自然有所变化。

随着经济适度多元以及澳门特别行政区政府发展澳门经济的方针的实施，澳门的渔业发生了哪些变化？其现状与前景如何？……这是亟需回答的问题。

《澳门渔业发展调查》揭示了澳门渔业的现状，反映了澳门渔民的意愿，剖析了与澳门渔业发展相关的要素。为澳门渔业界了解自身的详情，为社会了解澳门渔业的实况，为澳门特区政府制订相应的规划，提供了依据。

《澳门渔业发展调查》的作者吴绍宏博士系我院管理科学高等学校市场学副教授。《澳门渔业发展调查》的出版，实践了我院教学与科研并重的方针，彰显了我院教师的科研水平和科研能力。

为庆贺吴绍宏博士的科研成果出版，表彰吴绍宏博士对发展澳门经济适度多元、弘扬我院学术自由之风气所做的贡献，兹作此序。

澳门理工学院院长

李向玉

2015 年 1 月 9 日

序二

渔业，曾是澳门举足轻重的经济龙头行业，每当文献阐述澳门古今历史变迁定当提及"澳门昔日是一个小渔港……"。

澳门地处渔业资源丰富的珠江河口、南海之滨，水路四通八达，气候适宜，造就了捕鱼业的蓬勃发展。20世纪中期尤为鼎盛，其时内港码头渔船云集，鱼栏林立，车水马龙，十分兴旺。随着社会发展、经济转型及环境变迁，澳门渔业面对各种挑战，生产作业越趋困难，渔船和渔民数量日渐减少，渔业在澳门整体经济规模中所占的比重亦大幅降低。

然而，源远流长的澳门渔业富有历史意义和文化特色，为此，澳门特区政府多年来一直非常关注和积极扶助渔业发展。为纾解或减轻渔民因灾害、休渔期而导致的经济困难，特区政府制定了一系列的渔业纾困扶助措施，扶助渔业持续发展，加强本澳旅游吸引力，配合经济适度多元以及"世界旅游休闲中心"的定位，使渔业技术和传统文化得以发展传承。

2002年，特区政府设立了渔业咨询委员会，由政府、渔业界以及对澳门渔业发展有功绩的人士组成，协助政府制订及执行促进渔业发展、提高渔业生产力的政策；2007年，设立"渔业发展及援助基金"，至今共有157宗成功申请个案，金额近澳门币4960万元，有效发挥了扶助渔业发展的作用；2009年起推出"渔民休渔期培训计划"，令渔民善用休渔期，提升竞争力及掌握其他谋生技能，并提供培训津贴减轻渔民经济压力；2011 年起海事及水务局大力支持澳门渔业界举办"休渔渔家乐"海上畅游活动，受到公众热烈欢迎。

特区政府早于 2003 年进行渔业调查，向渔民收集资料和意见，对制定协助渔业发展的政策发挥了重要作用。为充分掌握最新的渔业实际状况和了解渔民对渔业发展的意见，特区政府于 2013 年再次委托澳门理工学院进行新一轮的《澳门渔业发展调查》，成功访问 90 艘澳门登记的渔船，约占总数七成，调查范围主要包括"渔民工作现况""渔民对行政当局渔业政策的看法""渔民对澳门渔业未来发展的看法"以及"渔民个人资料"四部分，内容包括渔民数据、渔船类型、材料、补给情况、出海作业天数、渔获出售途径、渔获满意度、渔民对渔业发展和相关政策的意见等。

本人衷心感谢澳门理工学院调研团队的努力、澳门渔民团体和渔民朋友的支持和配合，令《澳门渔业发展调查》工作得以顺利完成。调查结果提供了客观和科学的参考数据，有助特区政府制定更切合实际情况的渔业政策。未来，我们会继续听取渔民以及社会各界的意见，亦会继续研究各项有助促进本澳渔业发展、提高渔业生产力的可行性措施，共同努力让富有历史意义和传统文化价值的渔业得以传承。

澳门特别行政区海事及水务局局长

黄穗文

2014 年 12 月

目　录

一、调查背景

　　根据澳门特别行政区公报第 39 / 2002 号运输工务司司长批示，为了协助政府订制及执行促进澳门渔业发展的政策，决定设立一个名为"渔业咨询委员会"的小组。为了更深入了解澳门渔民日常作业情况及意见，海事及水务局委托澳门理工学院辖下管理科学高等学校副教授吴绍宏博士进行一项名为"澳门渔业发展调查"的调查工作。通过科学调查法了解澳门从事渔业之渔民的作业状况及意见，所得之结果数据希望有助相关单位在制定相关政策时提供科学性和客观性的意见。

二、调查目的

为了促进澳门渔业发展及提高渔业生产效率，为作业渔民进行一项具客观性及科学性的意见调查是有必要的。所以，本调查的主要目的是希望通过"开式问题方法"（Open-ended questions）及"闭式问题方法"（Close-ended questions）向澳门渔民① 收集有关渔业作业状况及意见，获得客观的结论可作参考依据，集思广益，为澳门渔业开拓新的有利条件，扶助和促进澳门渔业发展。为此，调查研究主要覆盖四大范围：

1. 渔民工作现况；

2. 渔民对行政当局渔业政策的看法；

3. 渔民对澳门渔业未来发展的看法；

4. 渔民个人资料。

---

① 于海事及水务局登记之渔船。

三、研究设计及方法

（一）调查阶段

为获得准确及可靠的调查结果，本调查包括三个调查阶段。

阶　段	方　法	受访者	目　的
第一阶段	专家访谈	约见澳门渔民团体	了解现况，作为第三阶段调查问卷设计之基础
第二阶段	深层访问	约见于海事及水务局登记之渔船之在业或已退休渔民	同　上
第三阶段	问卷访问	同　上	收集最终问卷资料

（二）受访者

本调查的受访者是已在海事及水务局注册登记之渔船之在业或已退休渔民。

（三）问卷设计

问卷主要由"闭式问卷访问法"及"开式问题"所组成，内容取材自"第一阶段：专家访谈"及"第二阶段：深层访问"，主要环绕：（一）渔民工作现况；（二）渔民对行政当局渔业政策的看法；（三）渔民对澳门渔业未来发展的看法；（四）渔民个人资料。共有 32 个问题和 74 项 SPSS"变量"输入。

（四）受访人数

按照澳门特区政府海事及水务局提供之"已登记之渔船"数据计算，澳门渔船户数量登记总数为 128 艘／户。是次调查成功访问了 90 艘／户渔船，占总体数七成，可信区间为 95%，误差范围为5.65%，具高度代表性，亦达到预期锁定之数量要求。

（五）时间表

阶　段	日　期
第一阶段	2013／06／24 至 2013／07／01
第二阶段	2013／07／02 至 2013／07／09
第三阶段	2013／07／16 至 2013／08／01

四、资料收集

　　海事及水务局协助联络受访渔民和澳门渔民互助会协助提供会址作为"第一阶段：专家访谈"、"第二阶段：深层访问"及"第三阶段：问卷访问"调查工作的进行场地。

五、统计方法

所得数据结果输入个人计算机，通过应用 SPSS 统计软件进行分析，分析方法包括：

- 频数分析；
- 平均值；
- 标准偏差；
- 众数；
- 单一样本 t 检定；
- 交叉表分析；
- 卡方分析。

六、调查结果

调查结果全面汇报调查的四大范围：（一）渔民工作现况；（二）渔民对行政当局渔业政策的看法；（三）渔民对澳门渔业未来发展的看法；（四）渔民个人资料。

（一）渔民工作现况

1.渔船是哪一类型

表 6-1-1　渔船是哪一类型

	频　数	百分比
虾　艇	58	65%
网　艇	4	5%
拖　网	22	24%
掺　缯	3	3%
其　他	3	3%
共	90	100%

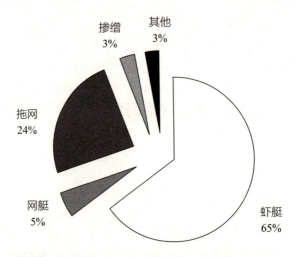

图 6-1-1　渔船是哪一类型（受访人数 =90）

受访对象中，65%是虾艇，5%是网艇，24%是拖网，3%是掺缯，3%是其他。

2. 渔船是哪一类型作业

表 6-1-2　渔船是哪一类型作业

	频　数	百分比
远洋深海作业	30	33%
沿海作业	41	46%
本地附近水域作业	19	21%
共	90	100%

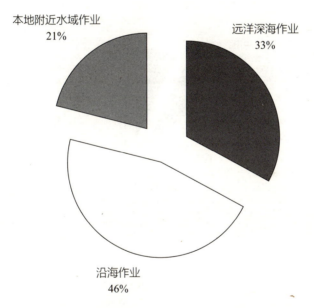

图 6-1-2　渔船是哪一类型作业（受访人数 =90）

受访对象中，33%是远洋深海作业，46%是沿海作业，21%是本地附近水域作业。

3. 在本地及沿海作业的渔船是否或会否计划发展深海渔业

表 6-1-3　在本地及沿海作业的渔船是否或会否计划发展深海渔业

	频　数	百分比
暂时不会计划	51	85%
可能计划	5	8%
已有计划	4	7%
共	60	100%

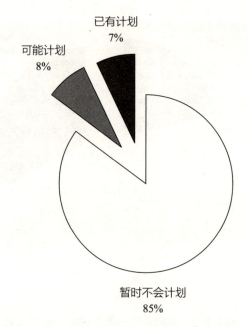

图 6-1-3　在本地及沿海作业的渔船是否或会否计划发展深海渔业（受访人数 =60）

　　在本地及沿海作业的受访对象中，85%表示暂时不会计划发展深海渔业，8%表示可能计划发展深海渔业，7%表示已有计划发展深海渔业。

4.渔船船身是哪一类型的材料

表 6-1-4　渔船船身是哪一类型的材料

	频　数	百分比
木　质	61	68%
钢　质	25	28%
玻璃纤维	4	4%
共	90	100%

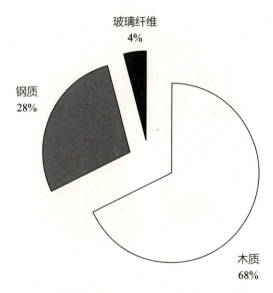

图 6-1-4　渔船船身是哪一类型的材料（受访人数 =90）

受访对象中，其船身采用木质的有 68%，钢质的有 28%，玻璃纤维的有 4%。

5. 渔船通常在哪里补给

表 6-1-5　渔船通常在哪里补给

	频　数	百分比
中国内地	35	39%
澳　门	14	15%
香　港	41	46%
共	90	100%

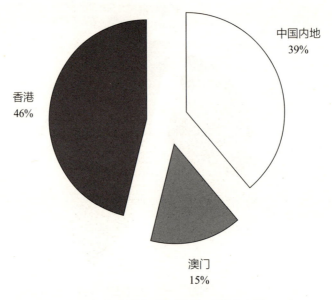

图 6-1-5　渔船通常在哪里补给（受访人数 =90）

　　受访对象中，有 46% 的渔船通常在香港进行补给，亦有 39% 的渔船通常会在中国内地补给，在澳门补给的渔船有 15%。

6. 渔船通常每次出海作业多少天

表 6-1-6　渔船每次出海作业天数

最　少	1	
最　多	100	
最　常	1	
平均值	18.7	
标准偏差	20.49	
	频　数	百分比
1 天至 10 天	35	39%
11 天至 20 天	27	30%
21 天至 30 天	15	17%
30 天或以上	13	14%
受访人数	90	100%

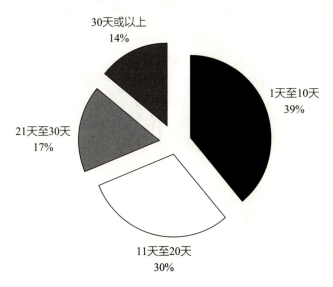

图 6-1-6　渔船每次出海作业天数（受访人数 =90）

受访对象中，船只每次出海作业 1 天至 10 天的有 39%，11 天至 20 天的占 30%，21 天至 30 天的占 17%，30 天或以上的占 14%。

7. 渔船每次出海有多少亲人参与

表 6-1-7　渔船每次出海亲人参与人数

最　少	1	
最　多	10	
最　常	1	
平均值	2.1	
标准偏差	2.16	
	频　数	百分比
没有亲人参与	11	12%
1 人至 2 人	59	66%
3 人至 5 人	16	18%
6 人至 8 人	3	3%
9 人或以上	1	1%
受访人数	90	100%

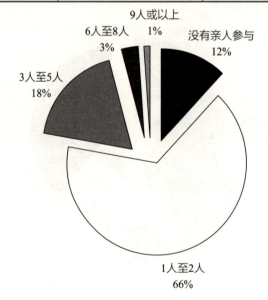

图 6-1-7　渔船每次出海亲人参与人数（受访人数 =90）

受访对象中，没有亲人参与的有 12%，1 人至 2 人的占 66%，3 人至 5 人的占 18%，6 人至 8 人的占 3%，9 人或以上的占 1%。

8. 渔船有多少中国内地渔工

表6-1-8　渔船有中国内地渔工的数目

	频　数	百分比
最　少	1	
最　多	8	
最　常	7	
平均值	5.9	
标准偏差	1.79	
	频　数	百分比
没有中国内地渔工	12	13%
1人至2人	4	5%
3人至5人	22	24%
6人至8人	52	58%
受访人数	90	100%

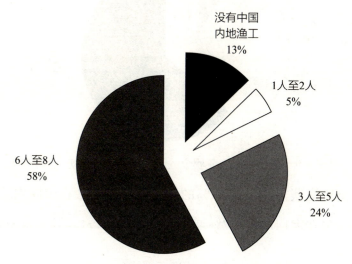

图6-1-8　渔船有中国内地渔工的数目（受访人数 =90）

　　受访对象中，没有中国内地渔工的占13%，1人至2人的占5%，3人至5人的占24%，6人至8人的占58%。

9. 渔船通常泊在哪个地区出售渔获

表 6-1-9　渔船通常泊在哪个地区出售渔获

	频　数	百分比
中国内地	58	64%
澳　门	24	27%
香　港	6	7%
其他地区	2	2%
共	90	100%

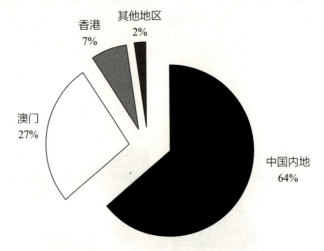

图 6-1-9　渔船通常泊在哪个地区出售渔获（受访人数 =90）

　　在出售渔获方面，有 64% 的受访对象通常会在中国内地出售，27% 通常会在澳门出售，7% 通常会在香港出售，2% 通常会在其他地区出售。

10. 渔船渔获通常以何种途径出售

表 6-1-10　渔船渔获通常以何种途径出售

	频　数	百分比
自售街市	25	28%
交售鱼栏	3	3%
交售鱼市场	1	1%
交售渔艇	56	62%
交售鱼商	5	6%
共	90	100%

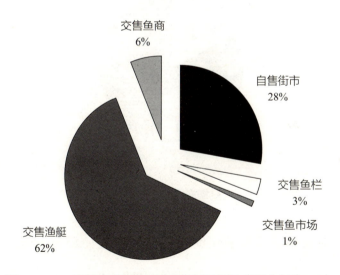

图 6-1-10　渔船渔获通常以何种途径出售（受访人数 =90）

受访对象中，有 62% 交售渔艇，有 28% 自售街市，有 6% 交售鱼商，有 3% 交售鱼栏，有 1% 交售鱼市场。

11. 近五年渔获情况如何

表 6-1-11　近五年渔获情况

	频　数	百分比
不断减少	75	83%
平　稳	15	17%
共	90	100%

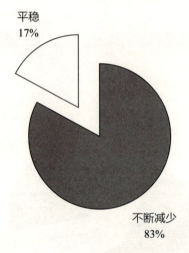

图 6-1-11　近五年渔获情况（受访人数 =90）

受访对象中表示近五年渔获不断减少的有 83%，表示平稳的有 17%。

12. 渔民认为对现今澳门渔业经营的影响因素

a. 渔民认为填海对现今澳门渔业经营的影响

表 6-1-12a 渔民认为填海对现今澳门渔业经营的影响

	频　数	百分比
没有影响	2	2%
些微影响	17	19%
颇大影响	19	21%
严重影响	52	58%
共	90	100%

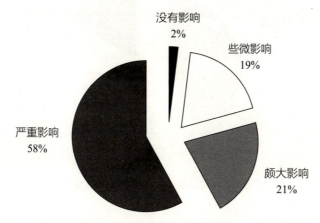

图 6-1-12a 渔民认为填海对现今澳门渔业经营的影响（受访人数 =90）

对于填海对渔船作业的影响，其中 58% 的受访者认为有严重影响，21% 的受访者认为有颇大影响，19% 的受访者认为有些微影响，2% 的受访者认为没有影响。

b. 渔民认为海水污染对现今澳门渔业经营的影响

表 6-1-12b　渔民认为海水污染对现今澳门渔业经营的影响

	频　数	百分比
些微影响	16	18%
颇大影响	36	40%
严重影响	38	42%
共	90	100%

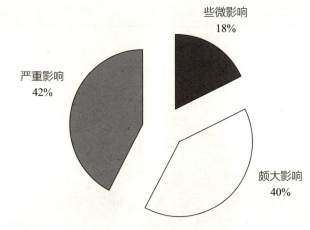

图 6-1-12b　渔民认为海水污染对现今澳门渔业经营的影响（受访人数 =90）

对于海水污染对渔船作业的影响，其中 42% 的受访者认为有严重影响，40% 的受访者认为有颇大影响，18% 的受访者认为有些微影响。

c. 渔民认为油价上升对现今澳门渔业经营的影响

表 6-1-12c　渔民认为油价上升对现今澳门渔业经营的影响

	频　数	百分比
些微影响	4	5%
颇大影响	11	12%
严重影响	75	83%
共	90	100%

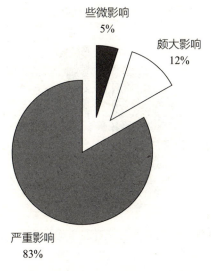

图 6-1-12c　渔民认为油价上升对现今澳门渔业经营的影响（受访人数 =90）

对于油价上升对渔船作业的影响，其中 83% 的受访者认为有严重影响，12% 的受访者认为有颇大影响，5% 的受访者认为有些微影响。

d. 渔民认为渔船设备成本上升对现今澳门渔业经营的影响

表 6-1-12d　渔民认为渔船设备成本上升对现今澳门渔业经营的影响

	频　数	百分比
些微影响	7	8%
颇大影响	32	35%
严重影响	51	57%
共	90	100%

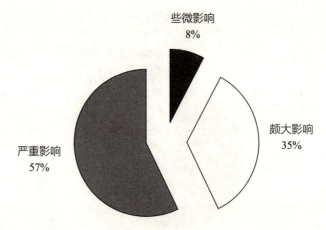

图 6-1-12d　渔民认为渔船设备成本上升对现今澳门渔业经营的影响（受访人数 =90）

　　对于渔船设备成本上升对渔船作业的影响，其中 57% 的受访者认为有严重影响，35% 的受访者认为有颇大影响，8% 的受访者认为有些微影响。

e. 渔民认为聘请工人困难对现今澳门渔业经营的影响

表 6-1-12e　渔民认为聘请工人困难对现今澳门渔业经营的影响

	频　数	百分比
没有影响	1	1%
些微影响	7	8%
颇大影响	11	12%
严重影响	71	79%
共	90	100%

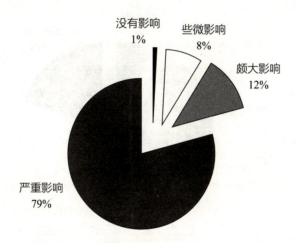

图 6-1-12e　渔民认为聘请工人困难对现今澳门渔业经营的影响（受访人数 =90）

对于聘请工人困难对渔船作业的影响，其中 79% 的受访者认为有严重影响，12% 的受访者认为有颇大影响，8% 的受访者认为有些微影响，1% 的受访者认为没有影响。

f. 渔民认为澳门渔船捕鱼竞争对现今澳门渔业经营的影响

表 6-1-12f　渔民认为澳门渔船捕鱼竞争对现今澳门渔业经营的影响

	频　数	百分比
没有影响	18	20%
些微影响	40	44%
颇大影响	26	29%
严重影响	6	7%
共	90	100%

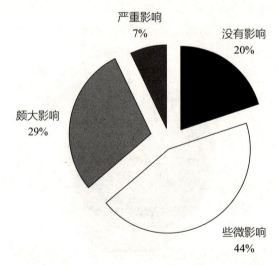

图 6-1-12f　渔民认为澳门渔船捕鱼竞争对现今澳门渔业经营的影响（受访人数 =90）

对于澳门渔船捕鱼竞争对渔船作业的影响，其中 7% 的受访者认为有严重影响，29% 的受访者认为有颇大影响，44% 的受访者认为有些微影响，20% 的受访者认为没有影响。

g. 渔民认为内地渔船捕鱼竞争对现今澳门渔业经营的影响

表 6-1-12g　渔民认为内地渔船捕鱼竞争对现今澳门渔业经营的影响

	频　数	百分比
没有影响	3	3%
些微影响	3	3%
颇大影响	8	9%
严重影响	76	85%
共	90	100%

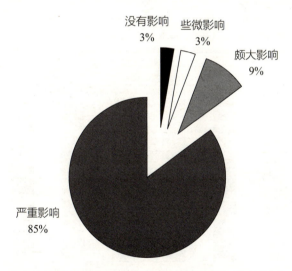

图 6-1-12g　渔民认为内地渔船捕鱼竞争对现今澳门渔业经营的影响（受访人数 =90）

对于内地渔船捕鱼竞争对渔船作业的影响，其中 85% 的受访者认为有严重影响，9% 的受访者认为有颇大影响，3% 的受访者认为有些微影响，3% 的受访者认为没有影响。

小结：渔民认为对现今澳门渔业经营影响因素的情况分析

表 6-1-12　渔民认为对现今澳门渔业经营影响因素的情况分析

因　素	平均值	标准偏差
油价上升	3.79	0.51
内地渔船捕鱼竞争	3.74	0.68
聘请工人困难	3.69	0.66
渔船设备成本上升	3.49	0.64
填　海	3.34	0.86
海水污染	3.24	0.74
澳门渔船捕鱼竞争	2.22	0.85

（平均值：1= 没有影响；2= 些微影响；3= 颇大影响；4= 严重影响）

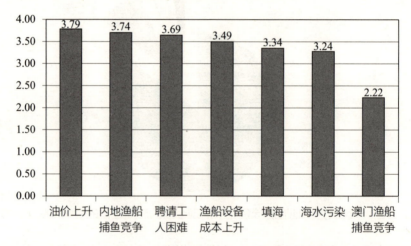

图 6-1-12　渔民认为对现今澳门渔业经营影响因素的情况分析

（二）渔民对行政当局渔业政策的看法

1.渔民对休渔期时间安排的看法

表 6-2-1　渔民对休渔期时间安排的看法

	频　数	百分比
极需改善	12	13%
稍需改善	18	20%
颇完善	54	60%
十分完善	6	7%
共	90	100%

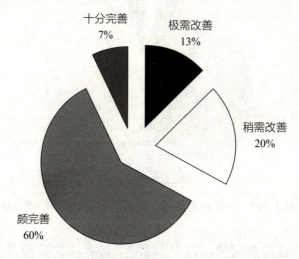

图 6-2-1　渔民对休渔期时间安排的看法（受访人数 =90）

对于休渔期时间安排，其中13％的受访者认为极需改善，20％的受访者认为稍需改善，60％的受访者认为颇完善，7％的受访者认为十分完善。

2.渔民对渔获检疫安排的看法

表 6-2-2　渔民对渔获检疫安排的看法

	频　数	百分比
极需改善	5	5%
稍需改善	29	32%
颇完善	51	57%
十分完善	5	6%
共	90	100%

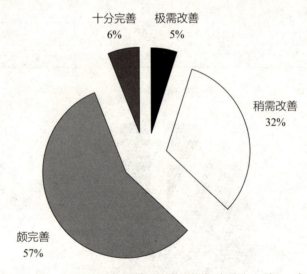

图 6-2-2　渔民对渔获检疫安排的看法（受访人数 =90）

对于渔获检疫安排，其中 5% 的受访者认为极需改善，32% 的受访者认为稍需改善，57% 的受访者认为颇完善，6% 的受访者认为十分完善。

3.渔民对泊岸及卸货的辅助设施的看法

表 6-2-3 渔民对泊岸及卸货的辅助设施的看法

	频 数	百分比
极需改善	34	38%
稍需改善	15	17%
颇完善	38	42%
十分完善	3	3%
共	90	100%

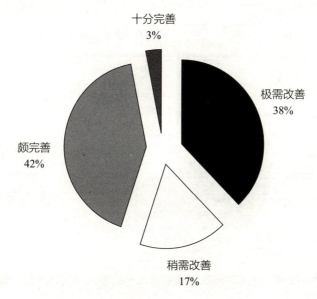

图 6-2-3 渔民对泊岸及卸货的辅助设施的看法（受访人数 =90）

对于泊岸及卸货的辅助设施，其中 38% 的受访者认为极需改善，17% 的受访者认为稍需改善，42% 的受访者认为颇完善，3% 的受访者认为十分完善。

4. 渔民对行政手续服务水平的看法

表 6-2-4　渔民对行政手续服务水平的看法

	频　数	百分比
极需改善	15	17%
稍需改善	12	13%
颇完善	55	61%
十分完善	8	9%
共	90	100%

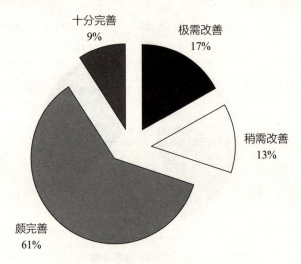

图 6-2-4　渔民对行政手续服务水平的看法（受访人数 =90）

　　对于行政手续服务水平，其中 17% 的受访者认为极需改善，13% 的受访者认为稍需改善，61% 的受访者认为颇完善，9% 的受访者认为十分完善。

5.渔民对休渔期培训计划的看法

表 6-2-5　渔民对休渔期培训计划的看法

	频　数	百分比
极需改善	10	11%
稍需改善	19	21%
颇完善	42	47%
十分完善	19	21%
共	90	100%

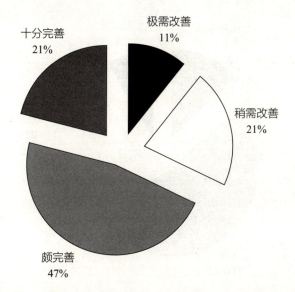

图 6-2-5　渔民对休渔期培训计划的看法（受访人数 =90）

对于休渔期培训计划，其中 11% 的受访者认为极需改善，21% 的受访者认为稍需改善，47% 的受访者认为颇完善，21% 的受访者认为十分完善。

6. 渔民对渔船观光业计划的看法

表 6-2-6　渔民对渔船观光业计划的看法

	频　数	百分比
极需改善	8	9%
稍需改善	22	25%
颇完善	48	53%
十分完善	12	13%
共	90	100%

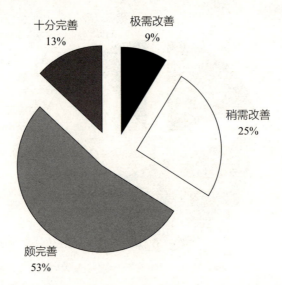

图 6-2-6　渔民对渔船观光业计划的看法（受访人数 =90）

　　对于渔船观光业计划，其中9%的受访者认为极需改善，25%的受访者认为稍需改善，53%的受访者认为颇完善，13%的受访者认为十分完善。

7. 渔民对渔业基金贷款援助政策的看法

表 6-2-7　渔民对渔业基金贷款援助政策的看法

	频　数	百分比
极需改善	23	26%
稍需改善	32	36%
颇完善	31	34%
十分完善	4	4%
共	90	100%

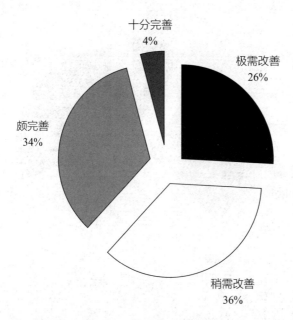

图 6-2-7　渔民对渔业基金贷款援助政策的看法（受访人数 =90）

对于渔业基金贷款援助政策，其中 26% 的受访者认为极需改善，36% 的受访者认为稍需改善，34% 的受访者认为颇完善，4% 的受访者认为十分完善。

8. 渔民对经济紧急援助政策的看法

表 6-2-8　　渔民对经济紧急援助政策的看法

	频　数	百分比
极需改善	28	31%
稍需改善	29	32%
颇完善	25	28%
十分完善	8	9%
共	90	100%

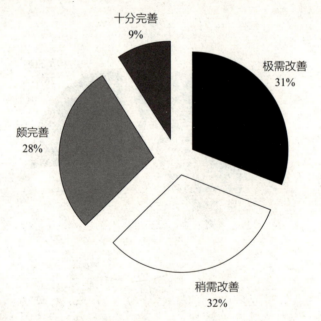

图 6-2-8　　渔民对经济紧急援助政策的看法（受访人数 =90）

对于经济紧急援助政策，其中 31% 的受访者认为极需改善，32% 的受访者认为稍需改善，28% 的受访者认为颇完善，9% 的受访者认为十分完善。

小结：渔民对行政当局各项渔业政策／工作的看法(平均值)

表 6-2　渔民对行政当局各项渔业政策／工作的看法（平均值）

项　目	平均值	标准偏差
休渔期培训计划	2.78	0.91
渔船观光业计划	2.71	0.81
渔获检疫安排	2.62	0.68
行政手续服务水平	2.62	0.87
休渔期时间安排	2.60	0.80
渔业基金贷款援助政策	2.18	0.87
经济紧急援助政策	2.14	0.97
泊岸及卸货的辅助设施	2.11	0.97

（平均值：1= 极需改善；2= 稍需改善；3= 颇完善；4= 十分完善）

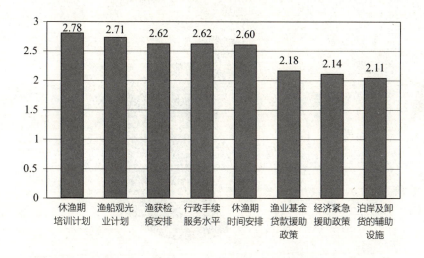

受访渔民整体对行政当局各项渔业政策／工作都表示满意，按"十分完善"至"极需改善"次序排列：休渔期培训计划、渔船观光业计划、渔获检疫安排、行政手续服务水平、休渔期时间安排、渔业基金贷款援助政策、经济紧急援助政策和泊岸及卸货的辅助设施。

（三）渔民对澳门渔业未来发展的看法

1. 渔民对从事捕鱼所获的收入是否满意

表 6-3-1　渔民对从事捕鱼所获的收入是否满意

	频　数	百分比
不满意	52	58%
尚满意	31	34%
没意见	7	8%
共	90	100%

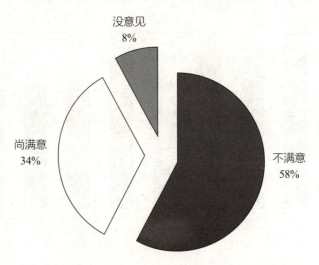

图 6-3-1　渔民对从事捕鱼所获的收入是否满意（受访人数 =90）

　　对于渔获收入方面，有 58% 的受访者表示不满意，34% 的受访者表示尚满意，8% 的受访者表示没意见。

2.现在渔民的下一代子女是否正从事渔业

表 6-3-2a　现在渔民的下一代子女是否正从事渔业

	频　数	百分比
没有子女	25	27.8%
全部子女都没有从事	39	43.3%
个别子女还有从事	21	23.3%
全部子女都正在从事	5	5.6%
共	90	100%

表 6-3-2b　有子女受访者之子女从事渔业情况

	频　数	百分比
全部子女都没有从事	39	60%
个别子女还有从事	21	32%
全部子女都正在从事	5	8%
共	65	100%

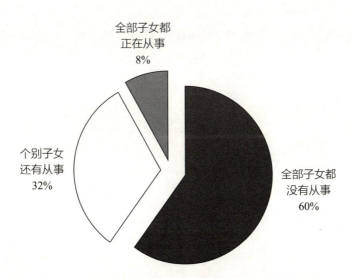

图 6-3-2　有子女受访者之子女从事渔业情况（受访人数 =65）

在 65 位有子女受访者中，全部子女都正从事渔业的有 8%，个别子女还有从事渔业的有 32%，全部子女都没有从事渔业的有 60%。

3. 渔民个人是否希望下一代子女从事捕鱼业

表 6-3-3　渔民个人是否希望下一代子女从事捕鱼业

	频　数	百分比
不希望	67	74%
希　望	7	8%
没意见	16	18%
共	90	100%

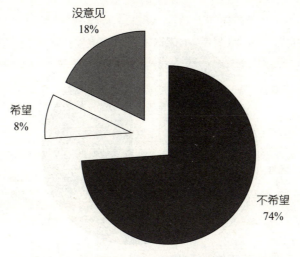

没意见
18%

希望
8%

不希望
74%

图 6-3-3　渔民个人是否希望下一代子女从事捕鱼业（受访人数 =90）

　　受访对象中，不希望下一代子女从事捕鱼业的有 74%，希望下一代子女从事捕鱼业的有 8%，其余 18% 表示没意见。

4. 渔民认为现今从事渔业是否困难

表 6-3-4　渔民认为现今从事渔业是否困难

	频　数	百分比
非常困难	53	59%
困　难	23	26%
还可以	14	15%
共	90	100%

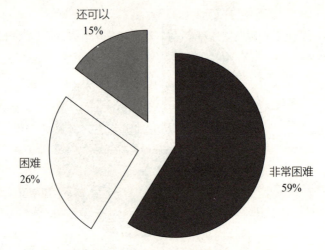

图 6-3-4　渔民认为现今从事渔业是否困难（受访人数 =90）

受访对象中，认为现今从事渔业非常困难的有 59%，认为困难的有 26%，认为还可以的有 15%。

5. 渔民有否打算转业

表 6-3-5　渔民有否打算转业

	频　数	百分比
暂时不会转业	70	78%
或许会转业	15	17%
准备转业	5	5%
共	90	100%

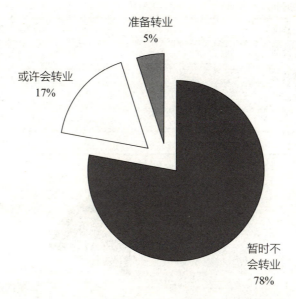

图 6-3-5　渔民有否打算转业（受访人数 =90）

受访对象中，打算准备转业的有 5%，或许会转业的有 17%，暂时不会转业的有 78%。

6.打算转业的渔民希望转到什么行业

表6-3-6　渔民希望转到什么行业

	频　数	百分比
博彩业	0	0
酒店业	0	0
银行业	0	0
保险业	0	0
零售业	0	0
会展业	0	0
公务员	4	20%
餐饮业	2	10%
物流业	2	10%
建筑业	5	25%
未　知	7	35%
共	20	100%

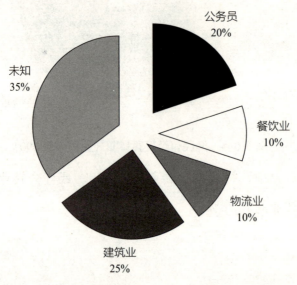

图6-3-6　渔民希望转到什么行业（受访人数=20）

　　在打算转业或可能会转业的受访者中，希望转到建筑业的有25%，希望转到公务员的有20%，希望转到餐饮业的有10%，希望转到物流业的有10%，但未知转到什么行业的有35%。

7. 渔民个人较希望特区政府在哪一方面给予扶助

表 6-3-7　渔民个人较希望特区政府在哪一方面给予扶助

	频　数	百分比
渔业扶助	82	91%
转业扶助	8	9%
共	90	100%

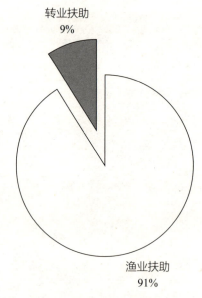

图 6-3-7　渔民个人较希望特区政府在哪一方面给予扶助（受访人数 =90）

　　受访对象中，希望特区政府在渔业方面给予扶助的有 91%，另外 9% 的受访者希望给予转业扶助。

8. 渔民对一些假设性渔业扶助项目是否有帮助的看法

a. 渔民对提供渔业免税额是否将会有帮助的看法

表6-3-8a　渔民对提供渔业免税额的看法

	频　数	百分比
将会没有帮助	9	10%
将会有些微帮助	16	18%
将会有颇大帮助	34	38%
将会有极大帮助	31	34%
共	90	100%

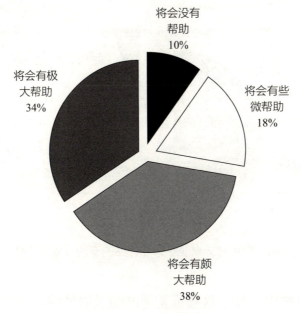

图6-3-8a　渔民对提供渔业免税额的看法（受访人数=90）

受访对象中，对于政府若提供渔业免税额，其中34%表示将会有极大帮助，38%表示将会有颇大帮助，18%表示将会有些微帮助，10%表示将会没有帮助。

b. 渔民对提供渔船柴油补贴是否将会有帮助的看法

表 6-3-8b　渔民对提供渔船柴油补贴的看法

	频　数	百分比
将会有些微帮助	5	5%
将会有颇大帮助	34	38%
将会有极大帮助	51	57%
共	90	100%

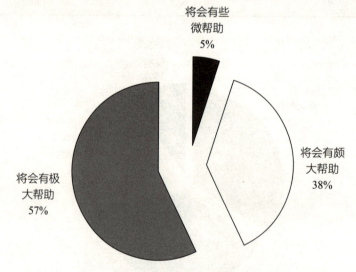

图 6-3-8b　渔民对提供渔船柴油补贴的看法（受访人数 =90）

受访对象中，对于政府若提供渔船柴油补贴，其中 57% 表示将会有极大帮助，38% 表示将会有颇大帮助，5% 表示将会有些微帮助。

c. 渔民对提高紧急维修渔船免息贷款金额是否将会有帮助的看法

表 6-3-8c　渔民对提高紧急维修渔船免息贷款金额的看法

	频　数	百分比
将会没有帮助	5	5%
将会有些微帮助	5	6%
将会有颇大帮助	38	42%
将会有极大帮助	42	47%
共	90	100%

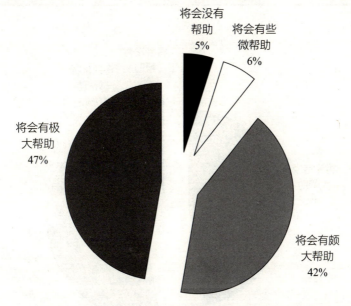

图 6-3-8c　渔民对提高紧急维修渔船免息贷款金额的看法（受访人数 =90）

受访对象中，对于政府若提高紧急维修渔船免息贷款金额，其中 47% 表示将会有极大帮助，42% 表示将会有颇大帮助，6% 表示将会有些微帮助，5% 表示将会没有帮助。

d. 渔民对提高购买或建造渔船免息贷款金额是否将会有帮助的看法

表 6-3-8d　渔民对提高购买或建造渔船免息贷款金额的看法

	频　数	百分比
将会没有帮助	5	6%
将会有些微帮助	6	7%
将会有颇大帮助	39	43%
将会有极大帮助	40	44%
共	90	100%

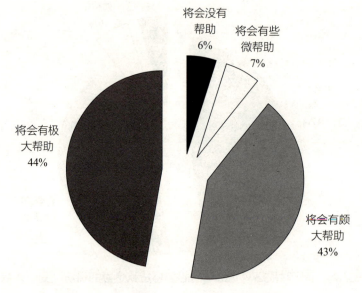

图 6-3-8d　渔民对提高购买或建造渔船免息贷款金额的看法（受访人数 =90）

受访对象中，对于政府若提高购买或建造渔船免息贷款金额，其中 44% 表示将会有极大帮助，43% 表示将会有颇大帮助，7% 表示将会有些微帮助，6% 表示将会没有帮助。

e. 渔民对休渔期渔船停泊设备损耗补贴是否将会有帮助的看法

表 6-3-8e　渔民对休渔期渔船停泊设备损耗补贴的看法

	频　数	百分比
将会没有帮助	2	2%
将会有些微帮助	2	2%
将会有颇大帮助	26	29%
将会有极大帮助	60	67%
共	90	100%

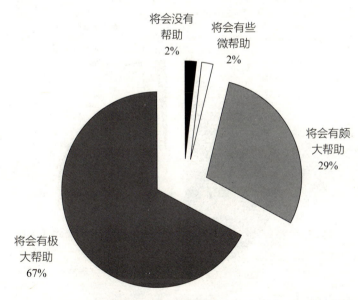

图 6-3-8e　渔民对休渔期渔船停泊设备损耗补贴的看法（受访人数 =90）

受访对象中，对于政府若提供休渔期渔船停泊设备损耗补贴，其中 67% 表示将会有极大帮助，29% 表示将会有颇大帮助，2% 表示将会有些微帮助，2% 表示将会没有帮助。

f. 渔民对经营紧急经济援助是否将会有帮助的看法

表 6-3-8f　渔民对经营紧急经济援助的看法

	频　数	百分比
将会没有帮助	2	2%
将会有些微帮助	9	10%
将会有颇大帮助	33	37%
将会有极大帮助	46	51%
共	90	100%

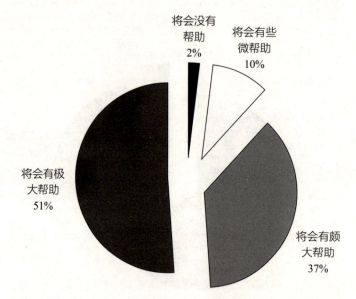

图 6-3-8f　渔民对经营紧急经济援助的看法（受访人数 =90）

受访对象中，对于政府若提供经营紧急经济援助，其中 51% 表示将会有极大帮助，37% 表示将会有颇大帮助，10% 表示将会有些微帮助，2% 表示将会没有帮助。

g. 渔民对天灾紧急经济援助是否将会有帮助的看法

表 6-3-8g　渔民对天灾紧急经济援助的看法

	频　数	百分比
将会有些微帮助	4	5%
将会有颇大帮助	31	34%
将会有极大帮助	55	61%
共	90	100%

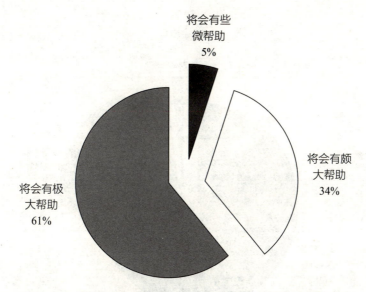

图 6-3-8g　渔民对天灾紧急经济援助的看法（受访人数 =90）

受访对象中，对于政府若提供天灾紧急经济援助，其中 61%
表示将会有极大帮助，34% 表示将会有颇大帮助，5% 表示将会有
些微帮助。

h. 渔民对提供紧急维修渔船补贴是否将会有帮助的看法

表 6-3-8h　渔民对提供紧急维修渔船补贴的看法

	频　数	百分比
将会没有帮助	2	2%
将会有些微帮助	3	4%
将会有颇大帮助	21	23%
将会有极大帮助	64	71%
共	90	100%

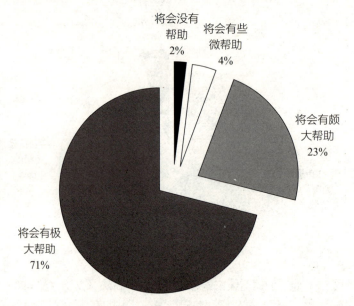

图 6-3-8h　渔民对提供紧急维修渔船补贴的看法（受访人数 =90）

　　受访对象中，对于政府若提供紧急维修渔船补贴，其中 71%表示将会有极大帮助，23%表示将会有颇大帮助，4%表示将会有些微帮助，2%表示将会没有帮助。

i. 渔民对提供购买或建造渔船补贴是否将会有帮助的看法

表 6-3-8i 渔民对提供购买或建造渔船补贴的看法

	频　数	百分比
将会没有帮助	2	2%
将会有些微帮助	4	5%
将会有颇大帮助	17	19%
将会有极大帮助	67	74%
共	90	100%

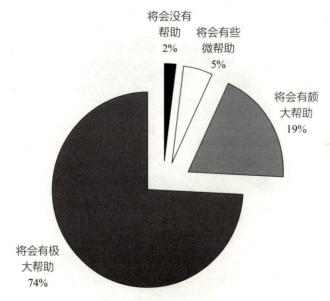

图 6-3-8i 渔民对提供购买或建造渔船补贴的看法（受访人数 =90）

受访对象中，对于政府若提供购买或建造渔船补贴，其中
74%表示将会有极大帮助，19%表示将会有颇大帮助，5%表示将
会有些微帮助，2%表示将会没有帮助。

j. 渔民对远洋捕鱼经济扶助是否将会有帮助的看法

表 6-3-8j　渔民对远洋捕鱼经济扶助的看法

	频　数	百分比
将会没有帮助	15	17%
将会有些微帮助	13	14%
将会有颇大帮助	32	36%
将会有极大帮助	30	33%
共	90	100%

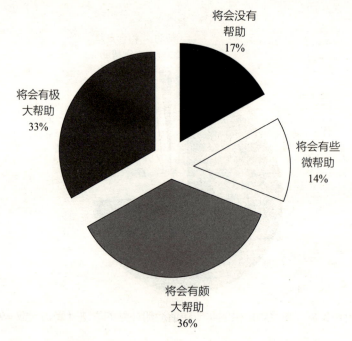

图 6-3-8j　渔民对远洋捕鱼经济扶助的看法（受访人数 =90）

受访对象中，对于政府若提供远洋捕鱼经济扶助，其中 33%
表示将会有极大帮助，36% 表示将会有颇大帮助，14% 表示将会有
些微帮助，17% 表示将会没有帮助。

k. 渔民对远洋捕鱼知识及技术培训是否将会有帮助的看法

表 6-3-8k　渔民对远洋捕鱼知识及技术培训的看法

	频　数	百分比
将会没有帮助	17	19%
将会有些微帮助	13	15%
将会有颇大帮助	31	34%
将会有极大帮助	29	32%
共	90	100%

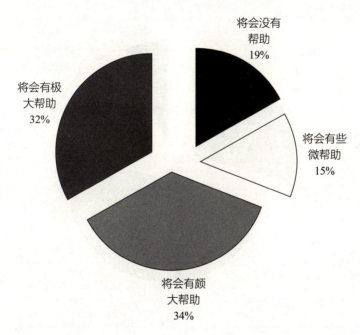

图 6-3-8k　渔民对远洋捕鱼知识及技术培训的看法（受访人数 =90）

受访对象中，对于政府若提供远洋捕鱼知识及技术培训，其中 32%表示将会有极大帮助，34%表示将会有颇大帮助，15%表示将会有些微帮助，19%表示将会没有帮助。

1. 渔民对休闲渔业发展扶助是否将会有帮助的看法

表 6-3-81　渔民对休闲渔业发展扶助的看法

	频　数	百分比
将会没有帮助	6	7%
将会有些微帮助	13	14%
将会有颇大帮助	45	50%
将会有极大帮助	26	29%
共	90	100%

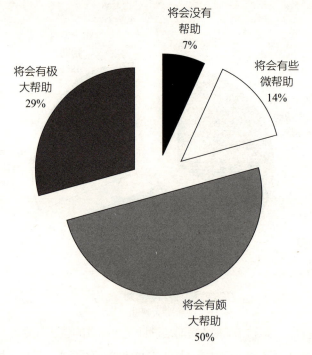

图 6-3-81　渔民对休闲渔业发展扶助的看法（受访人数 =90）

受访对象中，对于政府若提供休闲渔业发展扶助，其中 29%
表示将会有极大帮助，50% 表示将会有颇大帮助，14% 表示将会有
些微帮助，7% 表示将会没有帮助。

m. 渔民对提高休渔期培训计划津贴额是否将会有帮助的看法

表6-3-8m　渔民对提高休渔期培训计划津贴额的看法

	频　数	百分比
将会没有帮助	5	5%
将会有些微帮助	8	9%
将会有颇大帮助	15	17%
将会有极大帮助	62	69%
共	90	100%

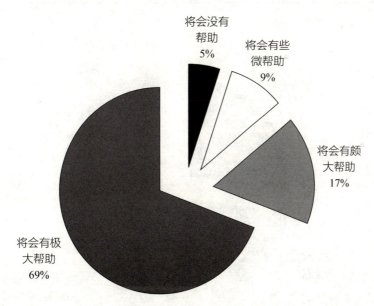

图6-3-8m　渔民对提高休渔期培训计划津贴额的看法（受访人数 =90）

受访对象中，对于政府若提高休渔期培训计划津贴额，其中69%表示将会有极大帮助，17%表示将会有颇大帮助，9%表示将会有些微帮助，5%表示将会没有帮助。

n. 渔民对休渔期培训计划扩展至全年时间进行是否将会有帮助的看法

表 6-3-8n　渔民对休渔期培训计划扩展至全年时间进行的看法

	频　数	百分比
将会没有帮助	20	22%
将会有些微帮助	32	36%
将会有颇大帮助	14	15%
将会有极大帮助	24	27%
共	90	100%

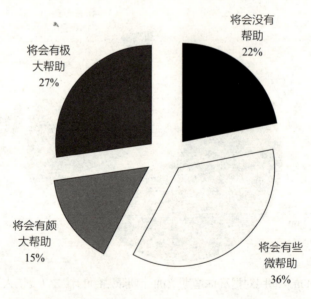

图 6-3-8n　渔民对休渔期培训计划扩展至全年时间进行的看法（受访人数 =90）

受访对象中，对于政府若将休渔期培训计划扩展至全年时间进行，其中 27% 表示将会有极大帮助，15% 表示将会有颇大帮助，36% 表示将会有些微帮助，22% 表示将会没有帮助。

o. 渔民对海水养殖发展扶助是否将会有帮助的看法

表 6-3-8o　渔民对海水养殖发展扶助的看法

	频　数	百分比
将会没有帮助	31	34%
将会有些微帮助	30	33%
将会有颇大帮助	15	17%
将会有极大帮助	14	16%
共	90	100%

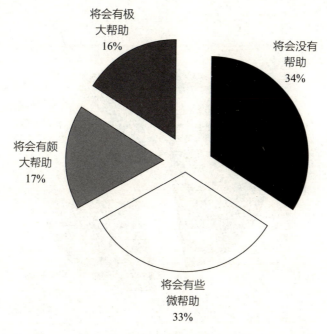

图 6-3-8o　渔民对海水养殖发展扶助的看法（受访人数 =90）

受访对象中，对于政府若提供海水养殖发展扶助，其中 16%
表示将会有极大帮助，17% 表示将会有颇大帮助，33% 表示将会有
些微帮助，34% 表示将会没有帮助。

p. 渔民对创业资金扶助是否将会有帮助的看法

表 6-3-8p　渔民对创业资金扶助的看法

	频　数	百分比
将会没有帮助	11	12%
将会有些微帮助	12	13%
将会有颇大帮助	25	28%
将会有极大帮助	42	47%
共	90	100%

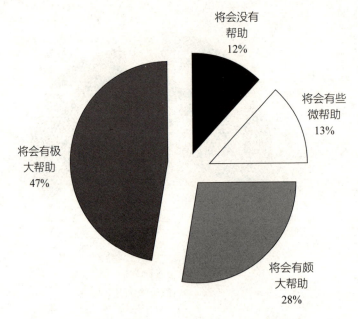

图 6-3-8p　渔民对创业资金扶助的看法（受访人数 =90）

受访对象中，对于政府若提供创业资金扶助，其中 47% 表示将会有极大帮助，28% 表示将会有颇大帮助，13% 表示将会有些微帮助，12% 表示将会没有帮助。

q. 渔民对非渔业行业技能培训是否将会有帮助的看法

表6-3-8q 渔民对非渔业行业技能培训的看法

	频　数	百分比
将会没有帮助	16	18%
将会有些微帮助	23	25%
将会有颇大帮助	26	29%
将会有极大帮助	25	28%
共	90	100%

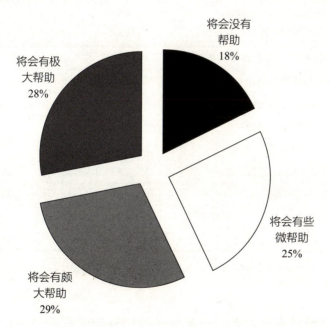

图6-3-8q 渔民对非渔业行业技能培训的看法（受访人数=90）

受访对象中，对于政府若提供非渔业行业技能培训，其中28%表示将会有极大帮助，29%表示将会有颇大帮助，25%表示将会有些微帮助，18%表示将会没有帮助。

小结：渔民对一些假设性渔业扶助项目是否有帮助的看法

表6-3-8　渔民对一些假设性渔业扶助项目是否有帮助的看法

项　目	平均值	标准偏差
提供购买或建造渔船补贴	3.66	0.67
提供紧急维修渔船补贴	3.63	0.66
休渔期渔船停泊设备损耗补贴	3.60	0.65
天灾紧急经济援助	3.57	0.58
提供渔船柴油补贴	3.51	0.60
提高休渔期培训计划津贴额	3.49	0.88
经营紧急经济援助	3.37	0.76
提高紧急维修渔船免息贷款金额	3.30	0.81
提高购买或建造渔船免息贷款金额	3.27	0.82
创业资金扶助	3.09	1.05
休闲渔业发展扶助	3.01	0.84
提供渔业免税额	2.97	0.97
远洋捕鱼经济扶助	2.86	1.07
远洋捕鱼知识及技术培训	2.80	1.09
非渔业行业技能培训	2.67	1.07
休渔期培训计划扩展至全年时间进行	2.47	1.11
海水养殖发展扶助	2.13	1.06

（平均值：1＝将会没有帮助；2＝将会有些微帮助；3＝将会有颇大帮助；4＝将会有极大帮助）

受访渔民表示，首三项对他／她们有较大帮助的项目是：提供购买或建造渔船补贴、提供紧急维修渔船补贴、休渔期渔船停泊设备损耗补贴，其次按次序是：天灾紧急经济援助、提供渔船柴油补贴、提高休渔期培训计划津贴额、经营紧急经济援助、提高紧急维修渔船免息贷款金额、提高购买或建造渔船免息贷款金额、创业资金扶助、休闲渔业发展扶助、提供渔业免税额、远洋捕鱼经济扶助、远洋捕鱼知识及技术培训、非渔业行业技能培训、休渔期培训计划扩展至全年时间进行、海水养殖发展扶助。

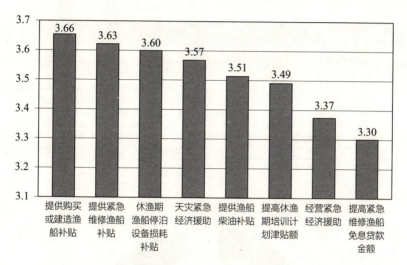

图 6-3-8　渔民认为较有帮助的八项假设性渔业扶助项目（受访人数 =90）

9. 渔民认为各培训技能课程对转业帮助有多大

a. 渔民认为木工及装修工培训技能课程对其转业是否有帮助

表 6-3-9a 渔民就木工及装修工培训技能课程对其转业的看法

	频 数	百分比
没有帮助	17	19%
些微帮助	21	23%
颇有帮助	38	42%
很大帮助	14	16%
共	90	100%

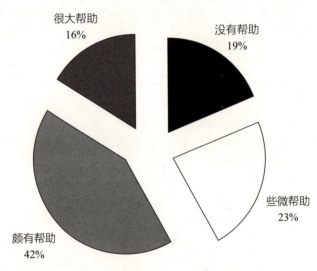

图 6-3-9a 渔民就木工及装修工培训技能课程对其转业的看法（受访人数 =90）

受访对象中，对于木工及装修工培训技能课程协助其转业，认为没有帮助的有 19%，认为有些微帮助的有 23%，认为颇有帮助的有 42%，认为有很大帮助的有 16%。

b. 渔民认为电工培训技能课程对其转业是否有帮助

表 6-3-9b　渔民就电工培训技能课程对其转业的看法

	频　数	百分比
没有帮助	10	11%
些微帮助	22	24%
颇有帮助	42	47%
很大帮助	16	18%
共	90	100%

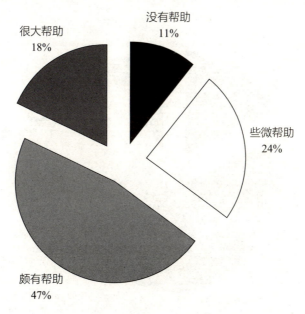

图 6-3-9b　渔民就电工培训技能课程对其转业的看法（受访人数 =90）

受访对象中，对于电工培训技能课程协助其转业，认为没有帮助的有 11%，认为有些微帮助的有 24%，认为颇有帮助的有 47%，认为有很大帮助的有 18%。

c. 渔民认为制冷工培训技能课程对其转业是否有帮助

表 6-3-9c　渔民就制冷工培训技能课程对其转业的看法

	频　数	百分比
没有帮助	9	10%
些微帮助	18	20%
颇有帮助	47	52%
很大帮助	16	18%
共	90	100%

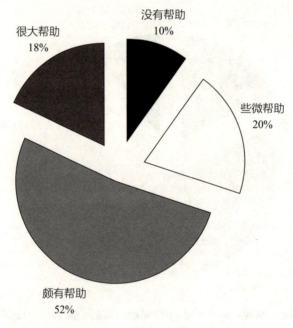

图 6-3-9c　渔民就制冷工培训技能课程对其转业的看法（受访人数 =90）

受访对象中，对于制冷工培训技能课程协助其转业，认为没有帮助的有 10%，认为有些微帮助的有 20%，认为颇有帮助的有 52%，认为有很大帮助的有 18%。

d. 渔民认为文职助理员培训技能课程对其转业是否有帮助

表 6-3-9d　渔民就文职助理员培训技能课程对其转业的看法

	频　数	百分比
没有帮助	43	48%
些微帮助	20	22%
颇有帮助	19	21%
很大帮助	8	9%
共	90	100%

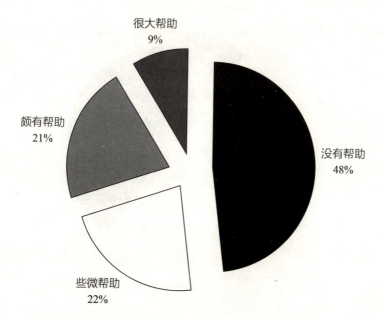

图 6-3-9d　渔民就文职助理员培训技能课程对其转业的看法（受访人数=90）

受访对象中，对于文职助理员培训技能课程协助其转业，认为没有帮助的有 48%，认为有些微帮助的有 22%，认为颇有帮助的有 21%，认为有很大帮助的有 9%。

e. 渔民认为社团助理员培训技能课程对其转业是否有帮助

表 6-3-9e　渔民就社团助理员培训技能课程对其转业的看法

	频　数	百分比
没有帮助	37	41%
些微帮助	16	18%
颇有帮助	28	31%
很大帮助	9	10%
共	90	100%

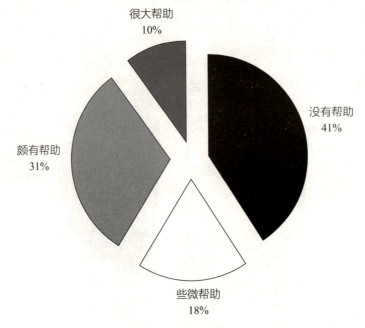

图 6-3-9e　渔民就社团助理员培训技能课程对其转业的看法（受访人数=90）

　　受访对象中，对于社团助理员培训技能课程协助其转业，认为没有帮助的有 41%，认为有些微帮助的有 18%，认为颇有帮助的有 31%，认为有很大帮助的有 10%。

f. 渔民认为普通话培训技能课程对其转业是否有帮助

表 6-3-9f 渔民就普通话培训技能课程对其转业的看法

	频　数	百分比
没有帮助	22	25%
些微帮助	20	22%
颇有帮助	36	40%
很大帮助	12	13%
共	90	100%

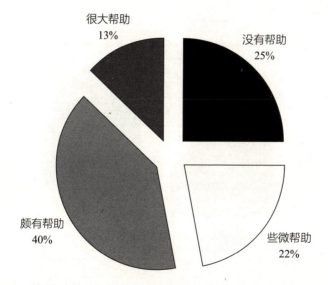

图 6-3-9f 渔民就普通话培训技能课程对其转业的看法（受访人数 =90）

受访对象中，对于普通话培训技能课程协助其转业，认为没有帮助的有 25%，认为有些微帮助的有 22%，认为颇有帮助的有 40%，认为有很大帮助的有 13%。

g. 渔民认为酒店房务培训技能课程对其转业是否有帮助

表 6-3-9g　渔民就酒店房务培训技能课程对其转业的看法

	频　数	百分比
没有帮助	27	30%
些微帮助	18	20%
颇有帮助	33	37%
很大帮助	12	13%
共	90	100%

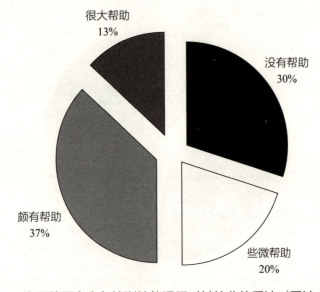

图 6-3-9g　渔民就酒店房务培训技能课程对其转业的看法（受访人数 =90）

受访对象中，对于酒店房务培训技能课程协助其转业，认为没有帮助的有 30%，认为有些微帮助的有 20%，认为颇有帮助的有 37%，认为有很大帮助的有 13%。

h. 渔民认为中式侍应培训技能课程对其转业是否有帮助

表 6-3-9h　渔民就中式侍应培训技能课程对其转业的看法

	频　数	百分比
没有帮助	27	30%
些微帮助	17	19%
颇有帮助	33	37%
很大帮助	13	14%
共	90	100%

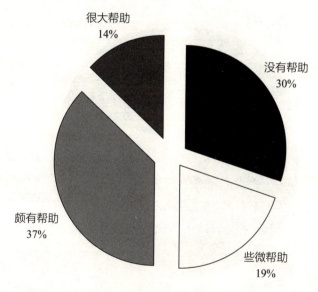

图 6-3-9h　渔民就中式侍应培训技能课程对其转业的看法（受访人数 =90）

　　受访对象中，对于中式侍应培训技能课程协助其转业，认为没有帮助的有 30%，认为有些微帮助的有 19%，认为颇有帮助的有 37%，认为有很大帮助的有 14%。

i. 渔民认为厨务助理培训技能课程对其转业是否有帮助

表 6-3-9i 渔民就厨务助理培训技能课程对其转业的看法

	频　数	百分比
没有帮助	19	21%
些微帮助	17	19%
颇有帮助	38	42%
很大帮助	16	18%
共	90	100%

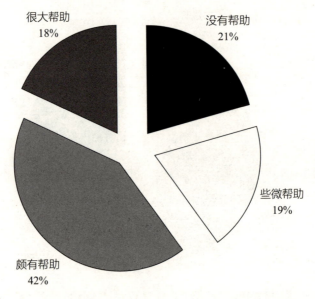

图 6-3-9i 渔民就厨务助理培训技能课程对其转业的看法（受访人数 =90）

受访对象中，对于厨务助理培训技能课程协助其转业，认为没有帮助的有 21%，认为有些微帮助的有 19%，认为颇有帮助的有 42%，认为有很大帮助的有 18%。

j. 渔民认为中式点心工培训技能课程对其转业是否有帮助

表6-3-9j　渔民就中式点心工培训技能课程对其转业的看法

	频　数	百分比
没有帮助	24	27%
些微帮助	18	20%
颇有帮助	33	36%
很大帮助	15	17%
共	90	100%

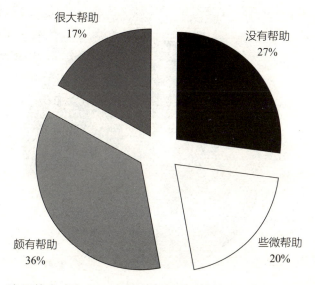

图6-3-9j　渔民就中式点心工培训技能课程对其转业的看法（受访人数=90）

受访对象中，对于中式点心工培训技能课程协助其转业，认为没有帮助的有27%，认为有些微帮助的有20%，认为颇有帮助的有36%，认为有很大帮助的有17%。

k. 渔民认为中式厨艺工培训技能课程对其转业是否有帮助

表 6-3-9k　渔民就中式厨艺工培训技能课程对其转业的看法

	频　数	百分比
没有帮助	27	30%
些微帮助	17	19%
颇有帮助	35	39%
很大帮助	11	12%
共	90	100%

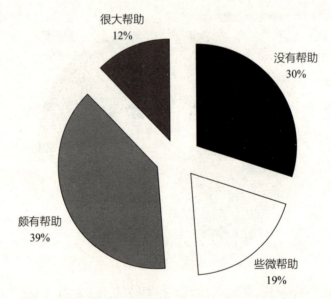

图 6-3-9k　渔民就中式厨艺工培训技能课程对其转业的看法（受访人数 =90）

受访对象中，对于中式厨艺工培训技能课程协助其转业，认为没有帮助的有 30%，认为有些微帮助的有 19%，认为颇有帮助的有 39%，认为有很大帮助的有 12%。

1. 渔民认为托儿所保育员培训技能课程对其转业是否有帮助

表 6-3-91　渔民就托儿所保育员培训技能课程对其转业的看法

	频　数	百分比
没有帮助	37	41%
些微帮助	15	17%
颇有帮助	22	24%
很大帮助	16	18%
共	90	100%

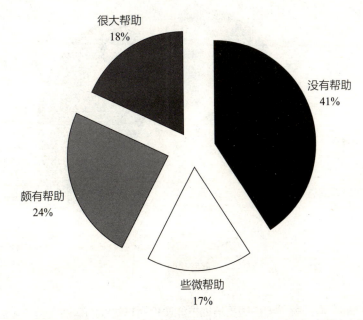

图 6-3-91　渔民就托儿所保育员培训技能课程对其转业的看法（受访人数 =90）

受访对象中，对于托儿所保育员培训技能课程协助其转业，认为没有帮助的有 41%，认为有些微帮助的有 17%，认为颇有帮助的有 24%，认为有很大帮助的有 18%。

m. 渔民认为养老护理员培训技能课程对其转业是否有帮助

表 6-3-9m 渔民就养老护理员培训技能课程对其转业的看法

	频 数	百分比
没有帮助	39	43%
些微帮助	16	18%
颇有帮助	21	23%
很大帮助	14	16%
共	90	100%

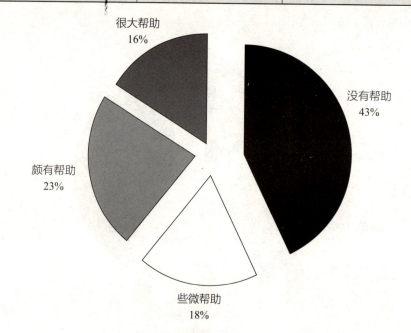

图 6-3-9m 渔民就养老护理员培训技能课程对其转业的看法（受访人数 =90）

受访对象中，对于养老护理员培训技能课程协助其转业，认为没有帮助的有 43%，认为有些微帮助的有 18%，认为颇有帮助的有 23%，认为有很大帮助的有 16%。

小结：渔民认为各培训技能课程对渔民转业的帮助性

表 6-3-9　渔民认为各培训技能课程对渔民转业的帮助性

项　目	平均值	标准偏差
制冷工	2.78	0.86
电工	2.71	1.02
厨务助理	2.57	0.89
木工及装修工	2.54	1.02
中式点心工	2.43	1.04
普通话	2.42	1.06
中式侍应	2.36	1.14
酒店房务	2.33	1.01
中式厨艺工	2.33	1.16
托儿所保育员	2.19	1.06
养老护理员	2.11	0.97
社团助理员	2.10	1.05
文职助理员	1.91	1.06

（平均值：1= 没有帮助；2= 些微帮助；3= 颇有帮助；4= 很大帮助）

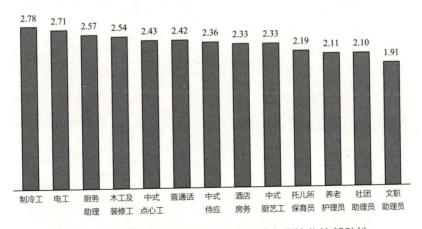

图 6-3-9　渔民认为各培训技能课程对渔民转业的帮助性

　　受访渔民表示，首三项对他／她们有较大帮助的培训技能课程是：制冷工、电工、厨务助理，其次按次序是木工及装修工、中式点心工、普通话、中式侍应、酒店房务、中式厨艺工、托儿所保育员、养老护理员、社团助理员、文职助理员。

10. 渔民最希望政府可以提供哪方面的转业培训

表 6-3-10　渔民最希望政府可以提供哪方面的转业培训

	频　数	百分比
博彩业培训	8	9%
酒店业培训	1	1%
银行业培训	2	2%
餐饮业培训	5	6%
物流业培训	1	1%
建筑业培训	7	8%
零售业培训	1	1%
会展业培训	1	1%
远洋捕鱼知识及技术培训	55	61%
没有意见	9	10%
共	90	100%

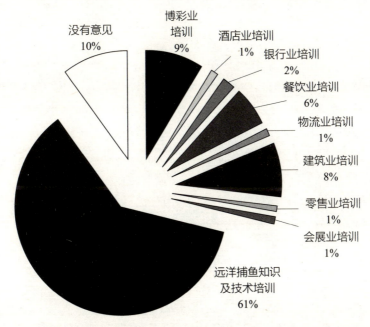

图 6-3-10　渔民最希望政府可以提供哪方面的转业培训（受访人数 =90）

受访者希望政府可以提供的转业培训类型中，博彩业培训9%，酒店业培训1%，银行业培训2%，餐饮业培训6%，物流业培训1%，建筑业培训8%，零售业培训1%，会展业培训1%，远洋捕鱼知识及技术培训61%，其中没有意见的有10%。

11. 渔民认为澳门渔业在未来二十年的发展将会是怎样

表 6-3-11　渔民认为澳门渔业在未来二十年的发展情况

	频　数	百分比
绝　迹	14	16%
式　微	47	52%
平　稳	21	23%
兴　旺	8	9%
共	90	100%

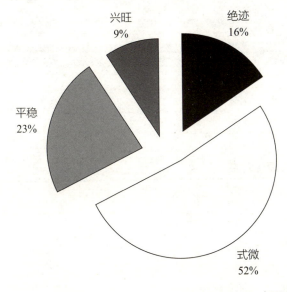

图 6-3-11　渔民认为澳门渔业在未来二十年的发展情况（受访人数 =90）

受访对象中，认为澳门渔业在未来二十年的发展将会绝迹的有16%，认为将会式微的有 52%，认为将会平稳发展的有 23%，认为将会发展兴旺的有 9%。

（四）渔民个人资料

1. 年龄

表 6-4-1　渔民年龄分布

最小年龄	32 岁
最大年龄	67 岁
最多人的年龄	50 岁
平均年龄	51.8 岁
标准偏差	8.37
32—42 岁	14
43—53 岁	36
54—64 岁	39
65 岁或以上	1
受访人数	90

2. 持身份证类型

表 6-4-2　渔民所持的身份证类型

	频　数	百分比
澳门身份证	44	49%
澳门及香港身份证均有	46	51%
共	90	100%

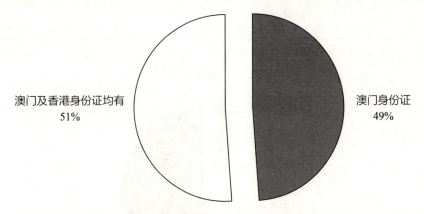

澳门及香港身份证均有　51%　　澳门身份证　49%

图 6-4-2　渔民所持的身份证类型（受访人数 =90）

受访者中，49%持有澳门身份证，51%则两者均持有。

3. 教育程度

表 6-4-3　渔民的教育程度

	频　数	百分比
未受过正式教育	47	52%
小学程度	40	45%
初中程度	2	2%
高中程度	1	1%
共	90	100%

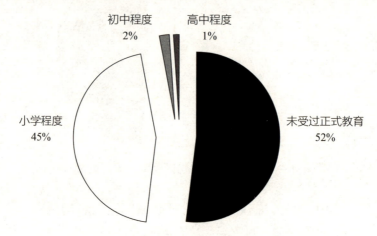

图 6-4-3　渔民的教育程度（受访人数 =90）

受访者中，未受过正式教育的有 52%，小学程度的有 45%，初中程度的有 2%，高中程度的有 1%。

4. 婚姻状况

表 6-4-4　渔民是否已婚

	频　数	百分比
是	89	99%
否	1	1%
共	90	100%

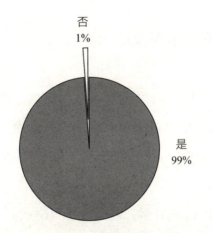

否
1%

是
99%

图 6-4-4　渔民是否已婚（受访人数 =90）

99%的受访者为已婚。

七、 资料总结

（一）渔民工作现况

1. 按照澳门特区政府海事及水务局提供之渔船登记数据计算，澳门渔船户数量登记总数为 128 艘／户，本次调查成功访问 90 艘／户，占总体数七成（可信区间 =95%，误差范围 =5.65%），具高度代表性。

2. 渔船类型以虾艇居多，占六成半（65%）。

3. 有近七成（67%）渔船都是在本地附近水域及沿海作业，只有三成（33%）是远洋深海作业。

4. 有近八成半（85%）不打算计划发展深海渔业。

5. 渔船船身材料方面，近七成（68%）都是木质渔船。

6. 渔船较少在澳门补给，只占一成多（15%）；渔船较常在香港补给，占近五成（46%）。

7. 渔船每次出海作业的天数有较大差异，由一天到一百天的都有，但最常见的都是一天来回；渔船出海作业以一天至十天居多，占近四成（39%）。

8. 渔船出海作业时，多数是一至两个亲人参与，占近七成（66%）。

9. 在中国内地渔工聘用方面，近六成（58%）渔船都聘用了六至八名内地渔工。

10. 渔船每天所得的渔获近七成（64%）都在中国内地出售，只有近三成（27%）在澳门出售。

11. 渔船每天所得的渔获出售途径六成多（62%）都是交售渔艇。

12. 有近八成多（83%）渔民表示近五年的渔获不断减少。

13. 调查发现，受访渔民普遍都认为填海、海水污染、油价上升、渔船设备成本上升、聘请工人困难、澳门渔船捕鱼竞争及内地渔船捕鱼竞争均对现今澳门渔业经营构成影响，其中影响最大的是油价上升，之后是内地渔船捕鱼竞争和聘请工人困难；其他按次序项目则是：渔船设备成本上升、填海、海水污染，而影响相对较少的是澳门渔船捕鱼竞争。

（二）渔民对行政当局渔业政策的看法

受访渔民整体对行政当局渔业政策／工作都表示满意，认为趋向颇完善的工作包括：休渔期培训计划、渔船观光业计划、渔获检疫安排；而认为趋向稍需改善的工作包括：泊岸及卸货的辅助设施、经济紧急援助政策和渔业基金贷款援助政策。

（三）渔民对澳门渔业未来发展的看法

1. 有近六成（58%）受访渔民对从事捕鱼鱼获不满意。

2. 在有子女的受访渔民当中，有六成（60%）渔民的下一代子女都没有从事捕鱼业。

3. 有七成四（74%）受访渔民不希望下一代子女从事捕鱼业。

4. 在捕鱼业经营方面，有近九成（85%）受访渔民认为现今从事渔业困难，其中更有六成（59%）认为非常困难。

5. 有近八成（78%）渔民表示暂时不打算转业。

6. 在打算转业的渔民中有三成五（35%）不知道转到哪一个行业工作。

7. 在问及渔民个人较希望特区政府给予"渔业扶助"还是"转业扶助"时，有九成多（91%）受访渔民都表示希望政府可给予"渔业扶助"。

8. 在问及受访渔民对一些假设性渔业扶助项目是否有帮助时，首三项①受访渔民认为有较大帮助的项目（按序）是：提供购买或建造渔船补贴、提供紧急维修渔船补贴、休渔期渔船停泊设备损耗补贴，而其他按次序项目则是：天灾紧急经济援助、提供渔船柴油补贴、提高休渔期培训计划津贴额、经营紧急经济援助、提高紧急维修渔船免息贷款金额、提高购买或建造渔船免息贷款金额、创业资金扶助、休闲渔业发展扶助、提供渔业免税额、远洋捕鱼经济扶

---

① 单以平均值而言。

助、远洋捕鱼知识及技术培训、非渔业行业技能培训、休渔期培训计划扩展至全年时间进行，而最帮助不大的是海水养殖发展扶助。

9. 受访渔民认为各培训技能课程对其转业的帮助性，有以下看法：首三项[①]对渔民有较大帮助的培训技能课程分别是：制冷工、电工、厨务助理；而其他按次序项目则是：木工及装修工、中式点心工、普通话、中式侍应、酒店房务、中式厨艺工、托儿所保育员、养老护理员、社团助理员，而最帮助不大的是文职助理员。

10. 有六成（61%）受访渔民希望政府可以提供远洋捕鱼知识及技术培训多于其他非渔业知识及技术培训。

11. 有近七成（68%）受访渔民对澳门渔业在未来二十年的发展亦不乐观，当中五成（52%）认为澳门渔业在未来二十年将"式微"，更有一成六（16%）渔民认为会"绝迹"。

12. 受访渔民年龄最小32岁，最大67岁，年龄居于54岁至64岁的人数最多；平均年龄51.8岁，八成五（85%）的受访渔民都在43岁或以上。

13. 有九成多（97%）受访渔民教育程度都在小学程度或以下，其中五成（52%）更未受过正式教育。

14. 几乎所有受访渔民都已婚（99%）。

---

① 单以平均值而言。

八、结　论

澳门的渔业传统源远流长，自古以来在澳门社会经济的发展过程中占着重要的地位。20 世纪七八十年代高峰期，澳门渔船超过两千艘。逢农历过节，锚泊在内港的渔船多达逾 1400 艘。随着时代变迁，传统的渔业正走向夕阳行业。据非官方数据显示，1993 年澳门约有 600 艘渔船，2012 年回澳内港停泊过农历年的渔船，只有 160 多艘，非官方统计澳门目前仅约有 200 艘渔船。而据海事及水务局数据显示，2013 年澳门登记渔船户数量总数为 128 艘／户。

近年，不少渔业民间社团亦表示，澳门渔业正走向式微之路，除经济发展原因外，也有归究于海水污染、填海造地、油价高企及青黄不接、后继无人等因素，造成了经营困难和行业衰落的境况。

为舒缓澳门渔业经营困境，澳门特区政府年前成立了"渔业发展及援助基金"，向有急需及符合条件的渔民提供最高五万元的免息贷款，以纾解或减轻因灾害、休渔期而导致的经济困难维修费。此外，更提供最高可达五十万元免息贷款，造船则最高可贷款八十万元以作周转。2008 年之前，中国南海伏季休渔制度规定休渔时间为每年的 6 月 1 日至 8 月 1 日；自 2009 年开始，南海伏季休渔期延长半个月，休渔时间更改为 5 月 16 日至 8 月 1 日。为了让渔民学习捕鱼以外的其他谋生技能以提升就业竞争力，更推出"渔民休渔期培训计划"，培训捕鱼业的知识及其他工种的职业技能，加强渔民的海上新的技能及知识，培训津贴亦作适度调升，以减轻经济压力。"渔业咨询委员会"多年来亦发挥着功能，向业界提供咨询意见的平台。自 2009 年起，国家财政部亦向港澳流动渔民发放柴油补贴。

为了更深入了解现今澳门渔民日常作业情况及意见，海事及水务局委托了澳门理工学院进行一项名为"澳门渔业发展调查"的调查工作。通过科学调查法了解澳门从事渔业渔民的作业状况及意见，所得之结果数据希望为相关单位在制定相关政策时提供科学性和客观性的意见。"澳门渔业发展调查"于 2013 年 6 月至 8 月渔民休渔期进行，成功访问了 90 艘／户渔船，占总体数目七成。

调查结果显示，澳门渔业（渔船）经营情况主要划分为三大类：（1）远洋深海作业；（2）沿海作业；（3）本地附近水域作业。而渔船的类型、材料、补给情况、出海作业天数、渔获出售途径、渔获满意度及其他渔业及政策看法亦因应三大渔船经营不同类别而稍有差异。调查结果显示，澳门渔船整体以木质渔船和虾艇居多，多数是在本地附近水域及沿海地方作业。由于多是沿海附近作业，所以作业时间短则一天，长则十天或以上。渔船聘用内地渔工已是必然之事。一天来回沿海作业之渔船多数出售渔获到澳门地区，而其他作业渔船则多数通过"渔艇"出售渔获到中国大陆。无论是远洋深海作业、沿海作业或是本地附近水域作业，大多数渔民都表示近五年的渔获不断减少，更普遍都认为填海、海水污染、油价上升、渔船设备成本上升、聘请工人困难、澳门渔船捕鱼竞争及内地渔船捕鱼竞争均对现今澳门渔业经营构成不同程度的影响。而通过统计显著性差异进一步分析，发现渔民明显地认为首三项影响原因是：油价上升、内地渔船捕鱼竞争和聘请工人困难（见表 8-1-1 / 8-1-2）。

在行政当局之渔业政策的看法方面，渔民以 1 至 4（1= 极需改善；2= 稍需改善；3= 颇完善；4= 十分完善）的刻度来评价八项行政当局之渔业政策／工作，以单一样本 t 检定法① 分析结果发现，在八项当中，有五项具显著性。当中的平均值说明了渔民明显地觉得休渔期培训计划和渔船观光业计划颇完善；而泊岸及卸货的辅助设施、经济紧急援助政策和渔业基金贷款援助政策则有稍需改善的空间（见表 8-2-1 / 8-2-2）。

调查结果更发现，受访渔民整体上希望行政当局可以改善渔业基金贷款援助政策。然而，通过交叉表分析方法进一步分析，发现从事远洋深海作业类型之渔船较希望行政当局改善渔业基金贷款援助政策，而相对地沿海作业及本地附近水域作业类型之渔船则较认为渔业基金贷款援助政策倾向完善（见表 8-3）。

在渔民对澳门渔业未来发展的看法方面，大多数受访渔民下一代子女都没有从事捕鱼业，即使有亦是个别子女从事，而大多数受访渔民都不希望下一代子承父业。绝大部分受访渔民表示现今从事

---

① 单一样本 t 检定法是探讨其一群受试者在其某个变项的得分，与该变项母群已知的平均值是否有显著差异。是项调查之变项包括：8 项行政当局之渔业政策／工作、17 项假设性渔业扶助项目及 13 项培训技能课程；而母群已知的平均数是各项目回答 1 至 4 程度总和之平均值。（例如：渔民以 1 至 4（1= 没有影响；2= 些微影响；3= 颇大影响；4= 严重影响）的刻度表示他／她们认为内地渔船捕鱼竞争的影响程度，结果该项目的平均值是 3.74（显著大于 2.5），即是说明渔民明显地认为内地渔船捕鱼竞争较为严重。）

渔业十分困难，但是大多数都不希望转业，只希望行政当局给予渔业扶助。此外，渔民以 1 至 4（1= 将会没有帮助；2= 将会有些微帮助；3= 将会有颇大帮助；4= 将会有极大帮助）的刻度来评价十七项假设性渔业扶助项目，结果发现，在十七项当中有十五项具显著性，说明渔民认为休渔期培训计划扩展至全年时间和非渔业行业技能培训对渔业的扶助没有显著性的帮助。渔民亦认为海水养殖发展扶助项目对其行业只有些微帮助；而认为最有帮助的首三项项目为（按序）：提供购买或建造渔船补贴、提供紧急维修渔船补贴及休渔期渔船停泊设备损耗补贴（见表 8-4-1／8-4-2）。

渔民亦以 1 至 4（1= 没有帮助；2= 有些微帮助；3= 有颇大帮助；4= 有极大帮助）的刻度来评价十三项协助渔民转业而提供的培训项目。结果发现，在十三项当中有六项具显著性，说明渔民认为在六个培训项目当中有较大帮助的是制冷工和电工，而托儿所保育员、养老护理员、社团助理员、文职助理员只有些微帮助（见表 8-5-1／8-5-2）。

绝大部分受访渔民整体上对澳门渔业在未来的发展并不乐观，认为会式微，更有部分渔民甚至认为在未来二十年内澳门捕鱼业将会绝迹。然而，通过交叉表分析方法进一步分析，发现三种渔业作业类型对澳门渔业未来发展的看法有显著差异。虽然三种渔业作业类型整体上对澳门渔业在未来的发展都不太乐观，但通过交叉表分析方法进一步分析，发现从事远洋深海作业比沿海作业及本地附近水域作业的渔民相对地显得乐观（见表 8-6）。

t 检定值表解读：

1. 先检视表内显著值；

2. 不显著的项目可忽略；

3. 再检视具显著的项目之平均值；

4. 再在各影响程度、改善需要、有助程度和帮助需求 1 至 4 的刻度上判断其结果。例如：渔民以 1 至 4（1= 没有影响；2= 些微影响；3= 颇大影响；4= 严重影响）的刻度表示他 / 她们认为内地渔船捕鱼竞争的影响程度，结果该项目的平均值是 3.74（显著大于 2.5），即是说明渔民明显地认为内地渔船捕鱼竞争较为严重。

表 8-1-1　渔民认为各因素对现今澳门渔业
经营的影响情况之 t 检定（t 检定值 =2.5[①]）

项　目	平均值*	标准偏差	显著值[②]
填海	3.34	0.86	0.000
海水污染	3.24	0.74	0.000
油价上升	3.79	0.51	0.000
渔船设备成本上升	3.49	0.64	0.000
聘请工人困难	3.69	0.66	0.000
澳门渔船捕鱼竞争	2.22	0.85	0.002
内地渔船捕鱼竞争	3.74	0.68	0.000

* 平均值：1= 没有影响；2= 些微影响；3= 颇大影响；4= 严重影响

[①] 1= 将会没有帮助 +2= 将会有些微帮助 +3= 将会有颇大帮助 +4= 将会有极大帮助 / 4=2.5（帮助程度平均值）。

[②] p < 0.05。

表 8-1-2　经筛选余下具显著性差异经营影响因素影响程度之排序

	项 目	平均值*	标准偏差	显著值[①]
1st.	油价上升	3.79	0.51	0.000
2nd.	内地渔船捕鱼竞争	3.74	0.68	0.000
3rd.	聘请工人困难	3.69	0.66	0.000
4th.	渔船设备成本上升	3.49	0.64	0.000
5th.	填海	3.34	0.86	0.000
6th.	海水污染	3.24	0.74	0.000
7th.	澳门渔船捕鱼竞争	2.22	0.85	0.002

＊平均值：1= 没有影响；2= 些微影响；3= 颇大影响；4= 严重影响

　　表 8-1-2（按序）说明了渔民明显地认为油价上升、内地渔船捕鱼竞争、聘请工人困难、渔船设备成本上升、填海和海水污染因素对他／她们造成影响，唯独认为澳门渔船捕鱼竞争的影响较些微。

---

① 　p < 0.05。

表 8-2-1　渔民对以下行政当局之渔业政策／工作的看法之 t 检定
（t 检定值 =2.5[1]）

项　目	平均值*	标准偏差	显著值[2]
休渔期培训计划	2.78	0.91	0.005
渔船观光业计划	2.71	0.81	0.015
行政手续服务水平	2.62	0.87	0.185
渔获检疫安排	2.62	0.68	0.092
休渔期时间安排	2.60	0.80	0.241
渔业基金贷款援助政策	2.18	0.87	0.001
经济紧急援助政策	2.14	0.96	0.001
泊岸及卸货的辅助设施	2.11	0.97	0.000

* 平均值：1= 极需改善；2= 稍需改善；3= 颇完善；4= 十分完善

[1] 1= 将会没有帮助 +2= 将会有些微帮助 +3= 将会有颇大帮助 +4= 将会有极大帮助／4=2.5（认为有帮助程度之平均值）。
[2] p < 0.05。

表 8-2-2　经筛选余下对行政当局之渔业政策／工作的
看法具显著性差异之项目

项　目	平均值*	标准偏差	显著值[①]
渔业基金贷款援助政策	2.18	0.87	0.001
经济紧急援助政策	2.14	0.96	0.001
泊岸及卸货的辅助设施	2.11	0.97	0.000

* 平均值：1= 极需改善；2= 稍需改善；3= 颇完善；4= 十分完善

　　渔民明显地（按序）认为渔业基金贷款援助政策、经济紧急援
助政策、泊岸及卸货的辅助设施稍需改善。

---

① 　$p < 0.05$。

表 8-3　船只作业类型与渔业基金贷款援助政策看法之交叉表分析

		极需改善	稍需改善	颇完善	十分完善	总
远洋深海作业	人　数	12	9	6	3	30
	横行百分比	40.0%	30.0%	20.0%	10.0%	100.0%
	纵行百分比	52.2%	28.1%	19.4%	75.0%	33.3%
	总	13.3%	10.0%	6.7%	3.3%	33.3%
沿海作业	人　数	9	18	13	1	41
	横行百分比	22.0%	43.9%	31.7%	2.4%	100.0%
	纵行百分比	39.1%	56.3%	41.9%	25.0%	45.6%
	总	10.0%	20.0%	14.4%	1.1%	45.6%
本地附近水域作业	人　数	2	5	12	0	19
	横行百分比	10.5%	26.3%	63.2%	0.0%	100.0%
	纵行百分比	8.7%	15.6%	38.7%	0.0%	21.1%
	总	2.2%	5.6%	13.3%	0.0%	21.1%
总　计	人　数	23	32	31	4	90
	横行百分比	25.6%	35.6%	34.4%	4.4%	100.0%
	纵行百分比	100.0%	100.0%	100.0%	100.0%	100.0%
	总	25.6%	35.6%	34.4%	4.4%	100.0%

表 8-4-1　十七项假设性渔业扶助项目之有助程度排序（t 检定值 =2.5[①]）

项　目	平均值 *	标准偏差	显著值[②]
提供购买或建造渔船补贴	3.66	0.67	0.000
提供紧急维修渔船补贴	3.63	0.66	0.000
休渔期渔船停泊设备损耗补贴	3.60	0.65	0.000
天灾紧急经济援助	3.57	0.58	0.000
提供渔船柴油补贴	3.51	0.06	0.000
提高休渔期培训计划津贴额	3.49	0.88	0.000
经营紧急经济援助	3.37	0.76	0.000
提高紧急维修渔船免息贷款金额	3.30	0.81	0.000
提高购买或建造渔船免息贷款金额	3.27	0.82	0.000
创业资金扶助	3.09	1.05	0.000
休闲渔业发展扶助	3.01	0.84	0.000
提供渔业免税额	2.97	0.97	0.000
远洋捕鱼经济扶助	2.86	1.07	0.002
远洋捕鱼知识及技术培训	2.80	1.09	0.011
非渔业行业技能培训	2.67	1.07	0.143
休渔期培训计划扩展至全年时间进行	2.47	1.11	0.777
海水养殖发展扶助	2.13	1.06	0.002

* 平均值：1= 将会没有帮助；2= 将会有些微帮助；3= 将会有颇大帮助；4= 将会有极大帮助

---

① 1= 将会没有帮助 +2= 将会有些微帮助 +3= 将会有颇大帮助 +4= 将会有极大帮助 ／4=2.5（"帮助程度"母体平均值）。

② p ＜ 0.05。

表8-4-2　经筛选余下十五项具显著性差异假设性渔业扶助项目之排序

项　目	平均值*	标准偏差	显著值[1]
提供购买或建造渔船补贴	3.66	0.67	0.000
提供紧急维修渔船补贴	3.63	0.66	0.000
休渔期渔船停泊设备损耗补贴	3.60	0.65	0.000
天灾紧急经济援助	3.57	0.58	0.000
提供渔船柴油补贴	3.51	0.06	0.000
提高休渔期培训计划津贴额	3.49	0.88	0.000
经营紧急经济援助	3.37	0.76	0.000
提高紧急维修渔船免息贷款金额	3.30	0.81	0.000
提高购买或建造渔船免息贷款金额	3.27	0.82	0.000
创业资金扶助	3.09	1.05	0.000
休闲渔业发展扶助	3.01	0.84	0.000
提供渔业免税额	2.97	0.97	0.000
远洋捕鱼经济扶助	2.86	1.07	0.002
远洋捕鱼知识及技术培训	2.80	1.09	0.011
海水养殖发展扶助	2.13	1.06	0.002

* 平均值：1= 将会没有帮助；2= 将会有些微帮助；3= 将会有颇大帮助；4= 将会有极大帮助

表8-4-1列举了渔民以1至4（1=将会没有帮助；2=将会有些微帮助；3=将会有颇大帮助；4=将会有极大帮助）的刻度评价十七项假设性渔业扶助项目。结果发现，渔民在十七项当中有十五项有显著分别，说明了渔民认为休渔期培训计划扩展至全年时间和非渔业行业技能培训两个项目对渔业的扶助没有显著性的帮助，认为海水养殖发展扶助对其行业只有些微帮助。而认为最有帮助的首三项项目（按序）分别为提供购买或建造渔船补贴、提供紧急维修渔船补贴及休渔期渔船停泊设备损耗补贴（见表8-4-2）。

[1]　p < 0.05。

表 8-5-1　渔民认为十三项培训技能课程对渔民转业的帮助性
（t 检定值 =2.5[①]）

项　目	平均值*	标准偏差	显著值[②]
制冷工	2.78	0.86	0.003
电工	2.71	0.89	0.027
厨务助理	2.57	1.02	0.536
木工及装修工	2.54	0.97	0.666
中式点心工	2.43	1.06	0.552
普通话	2.42	1.01	0.465
中式侍应	2.36	1.06	0.201
酒店房务	2.33	1.05	0.135
中式厨艺工	2.33	1.04	0.131
托儿所保育员	2.19	1.16	0.013
养老护理员	2.11	1.14	0.002
社团助理员	2.10	1.06	0.001
文职助理员	1.91	1.02	0.000

* 平均值：1= 没有帮助；2= 有些微帮助；3= 有颇大帮助；4= 有极大帮助

---

① 　1= 没有帮助 +2= 有些微帮助 +3= 有颇大帮助 +4= 有极大帮助／4=2.5（"帮助程度"
　　母体平均值）。

② 　$p < 0.05$。

表 8-5-2　经筛选余下六项具显著性差异"假设性渔业扶助项目"之排序
（t 检定值 =2.5[①]）

项目	平均值 *	标准偏差	显著值[②]
制冷工	2.78	0.86	0.003
电　工	2.71	0.89	0.027
托儿所保育员	2.19	1.16	0.013
养老护理员	2.11	1.14	0.002
社团助理员	2.10	1.06	0.001
文职助理员	1.91	1.02	0.000

* 平均值：1= 没有帮助；2= 有些微帮助；3= 有颇大帮助；4= 有极大帮助

　　渔民以 1 至 4（1= 没有帮助；2= 有些微帮助；3= 有颇大帮助；4= 有极大帮助）的刻度来评价十三项协助渔民转业而提供的培训项目。结果中的平均值反映，渔民认为较大帮助的是制冷工和电工；托儿所保育员、养老护理员、社团助理员、文职助理员只有些微帮助，而其他显著值大于 0.05 的培训项目则代表未被明显地关注为有助或没有助的项目（见表 8-5-1 / 8-5-2）。

---

① 1= 没有帮助 +2= 有些微帮助 +3= 有颇大帮助 +4= 有极大帮助 / 4=2.5（"帮助程度"母体平均值）。

② $p < 0.05$。

表8-6 渔业未来二十年的发展看法与船只作业类型之分交叉分析

		远洋深海作业	沿海作业	本地附近水域作业	总
绝 迹	人数	3	6	5	14
	横行百分比	21.4%	42.9%	35.7%	100.0%
	纵行百分比	10.0%	14.6%	26.3%	15.6%
	总	3.3%	6.7%	5.6%	15.6%
式 微	人数	11	28	8	47
	横行百分比	23.4%	59.6%	17.0%	100.0%
	纵行百分比	<u>36.7%</u>	<u>68.3%</u>	<u>42.1%</u>	52.2%
	总	12.2%	31.1%	8.9%	52.2%
平 稳	人数	10	7	4	21
	横行百分比	47.6%	33.3%	19.0%	100.0%
	纵行百分比	33.3%	17.1%	21.1%	23.3%
	总	11.1%	7.8%	4.4%	23.3%
兴 旺	人数	6	0	2	8
	横行百分比	75.0%	0.0%	25.0%	100.0%
	纵行百分比	20.0%	0.0%	10.5%	8.9%
	总	6.7%	0.0%	2.2%	8.9%
总 计	人数	30	41	19	90
	期望值	30.0	41.0	19.0	90.0
	横行百分比	33.3%	45.6%	21.1%	100.0%
	纵行百分比	<u>100.0%</u>	<u>100.0%</u>	<u>100.0%</u>	100.0%
	%总	33.3%	45.6%	21.1%	100.0%

$p < 0.05$

九、四项建议思考点

"澳门渔业发展调查"调查工作的目的是希望通过科学调查法了解澳门从事渔业之渔民的作业状况及意见，所得之结果数据希望能为相关单位在制定相关政策时提供科学性和客观性的意见。调查核心部分是探讨受访渔民如何看经营影响因素，以及对行政当局之渔业政策／工作、假设性渔业扶助项目和培训技能课程之帮助程度，而建议思考点是给行政当局（以下称"政府"）基于所获得之结果而提出短、中、长期之相应政策或措施建议。短、中、长期决定是按照受访渔民对于各项政策／工作、扶助项目和技能课程之缓急程度作建议。

（一）影响渔业经营因素之短、中、长期关注

澳门渔获减少、渔业经营困难被归究之主要因素包括：填海、海水污染、油价上升、渔船设备成本上升、聘请工人困难、内地渔船捕鱼竞争及澳门渔船捕鱼竞争等七项因素。而影响最大的因素是油价上升，之后是内地渔船捕鱼竞争和聘请工人困难。由于各因素

属宏观，所以政府在政策及措施上难以对澳门渔业作出较为实质性的干预，只可以"难控制"、"可控制"和"不可控制"三个情况作出短、中、长期之政策思考（见表9-1）。

表9-1　经营影响因素

影响因素	短　期	中　期	长　期
填　海	难控制	难控制	难控制
海水污染	难控制	难控制	难控制
油价上升	不可控制	不可控制	不可控制
渔船设备成本上升	不可控制	不可控制	不可控制
聘请工人困难	不可控制	不可控制	不可控制
澳门渔船捕鱼竞争	难控制	难控制	难控制
内地渔船捕鱼竞争	不可控制	不可控制	不可控制

油价上升

油价上升是影响澳门渔业经营最大的因素，乃市场经济供求平衡之结果。政府对此因素基本上无法控制。然而，可考虑提供及提高渔船柴油补贴。

内地渔船捕鱼竞争

内地渔船捕鱼竞争是影响澳门渔业经营的第二大因素。政府在长期计划上可考虑与内地有关部门商讨及制定双方捕鱼公平规则，有利平衡捕鱼竞争生态。

聘请工人困难

人力资源短缺是澳门现今中小企业的共同问题，澳门渔业亦难以置身事外。政府在此问题上亦无法控制。

渔船设备成本上升

渔船设备成本上升亦是市场经济自行调节的结果，政府基本上亦无法控制。然而，可考虑提供渔船设备补贴。

填海与海水污染

在澳门经济持续发展的推动下，土地供应亦成为地区问题，而填海似乎是解决问题的基本方法。虽然澳门渔民不会在填海区域内捕鱼，但在填海工作过程中所衍生之海水污染对周边的海水质素的影响等情况某程度上亦可能构成影响。填海影响海水质素相信是不可避免之事，政府在此问题上亦难以作出任何可以控制或改变。

澳门渔船捕鱼竞争

澳门渔船捕鱼竞争对澳门渔业经营之影响不大，亦难以控制。

（二）渔业政策和工作之短、中、长期计划

表 8-2-1／8-2-2 列举了受访渔民对行政当局之渔业政策／工作的看法，结果显示渔民对行政当局各项渔业政策／工作有不同的看法。建议政府可以基于渔民对当局各项渔业政策／工作是否需要改善的看法，分别以短、中、长期三个次序作出改善。即：愈是渔

民认为政府极需要改善的政策／工作，愈建议需要在短期配合实际情况作出改善，而相反认为政府愈趋向完善的政策／工作，则适合在往后中、长期作出改善。判断这个结果的指标以"可以作优化改善"作为定标（见表9-2-1）。表9-2-2全面列举了整体建议结果。

表9-2-1　行政当局之渔业政策／工作——建议思考点评价指标

平均值≤ 2.0	可作优化改善／短期计划
2.0 ≥平均值≤ 2.7	可作优化改善／中期计划
平均值大于 2.7 或显著值大于 0.05（p＞0.05）[①]	可作优化改善／长期计划

表9-2-2　行政当局之渔业政策／工作——短、中、长期建议思考点[②]

项　　目	平均值*	显著值	短　期	中　期	长　　期
泊岸及卸货的辅助设施	2.11	0.000	－	可作优化改善	
经济紧急援助政策	2.14	0.001	－	可作优化改善	
渔业基金贷款援助政策	2.18	0.001	－	可作优化改善	
休渔期时间安排	2.60	0.241		－	可作优化改善
行政手续服务水平	2.62	0.185		－	可作优化改善
渔获检疫安排	2.62	0.092		－	可作优化改善
渔船观光业计划	2.71	0.015		－	可作优化改善
休渔期培训计划	2.78	0.005		－	可作优化改善

* 平均值：1= 极需改善；2= 稍需改善；3= 颇完善；4= 十分完善

中　期

建议政府在进行优化工作，包括（按序）：结合实际情况，改

---

① 平均值大于 2.7 代表渔民认为政府政策／工作趋向完善；显著值大于 0.05 的项目代表渔民不明显地关注。
② 配合实际情况和客观条件。

善泊岸及卸货的辅助设施，向作业渔民进一步了解在渔船泊岸及卸货期间所遇到的问题，针对不足之处优化改善所需辅助设施；提供经济紧急援助政策；优化改善渔业基金贷款援助政策，对现行之渔业基金贷款援助政策全面检讨，包括贷款金提高额上限之可行性、贷款归还期延长之可行性和贷款者条件要求等考虑。

长　期

建议政府在未来长期进行优化计划，包括（按序）：休渔期时间安排、行政手续服务水平、渔获检疫安排、渔船观光业计划及休渔期培训计划。

（三）渔业扶助项目政策之短、中、长期计划

表8-4-1／8-4-2列举了受访渔民对假设性渔业扶助项目的看法，结果显示渔民对假设性渔业扶助项目有不同的看法。建议政府可以基于渔民对假设性渔业扶助项目的看法，分别以短、中、长期三个次序作出"可考虑"或"可不考虑"提供的思考。即：愈是渔民认为是有助的渔业扶助项目，愈建议可在短期配合实际情况考虑提供；而相反愈认为是没有助的渔业扶助项目，则适合在往后中、长期考虑提供，或可不考虑。判断这个结果的指标以"可考虑"及"可不考虑"作为定标（见表9-3-1）。表9-3-2全面（按序）列举了整体建议结果。

表 9-3-1 假设性渔业扶助项目——建议思考点评价指标

平均值＞3.6	可考虑／短期计划
3.0＞平均值≤3.6	可考虑／中期计划
2.5≧平均值≤3.0	可考虑／长期计划
显著值大于 0.05（p＞0.05）或平均值＜2.5	可不考虑①

表 9-3-2 假设性渔业扶助项目——短、中、长期建议思考点②

	平均值	短 期	中 期	长 期
提供购买或建造渔船补贴	3.66	可考虑		
提供紧急维修渔船补贴	3.63	可考虑		
休渔期渔船停泊设备损耗补贴	3.60		可考虑	
天灾紧急经济援助	3.57		可考虑	
提供渔船柴油补贴	3.51		可考虑	
提高休渔期培训计划津贴额	3.49		可考虑	
经营紧急经济援助	3.37		可考虑	
提高紧急维修渔船免息贷款金额	3.30		可考虑	
提高购买或建造渔船免息贷款金额	3.27		可考虑	
创业资金扶助	3.09		可考虑	
休闲渔业发展扶助	3.01		可考虑	
提供渔业免税额	2.97			可考虑
远洋捕鱼经济扶助	2.86			可考虑
远洋捕鱼知识及技术培训	2.80			可考虑
非渔业行业技能培训 *	2.67	可不考虑	可不考虑	可不考虑
休渔期培训计划扩展至全年时间进行 *	2.47	可不考虑	可不考虑	可不考虑
海水养殖发展扶助	2.13	可不考虑	可不考虑	可不考虑

* 显著值大于 0.05 的。

———————

① 显著值大于 0.05 的项目代表渔民不明显地关注；平均值小于 2.5 代表只会有些微帮助。

② 配合实际情况和客观条件。

短　期

建议政府可就渔业扶助项目作出两项短期措施，包括（按序）：提供购买或建造渔船补贴、提供紧急维修渔船补贴。

中　期

建议政府可就渔业扶助项目作出九项中期措施，包括（按序）：休渔期渔船停泊设备损耗补贴、天灾紧急经济援助、提供渔船柴油补贴、提高休渔期培训计划津贴额、经营紧急经济援助、提高紧急维修渔船免息贷款金额、提高购买或建造渔船免息贷款金额、创业资金扶助和休闲渔业发展扶助。

长　期

建议政府可就渔业扶助项目作出三项长期措施，包括（按序）：提供渔业免税额、远洋捕鱼经济扶助、远洋捕鱼知识及技术培训。

（四）培训技能课程政策之开办计划

表 8-5-1 / 8-5-2 列举了受访渔民对培训技能课程的帮助程度的看法，结果显示渔民对培训技能课程有不同的看法。建议政府可以基于渔民对培训技能课程的看法，分别以"可考虑稍后开办"和"可考虑优先开办"作为指标分别作出安排（指标评价可参见表 9-4-1）。即：愈是渔民认为是有助的培训技能课程，愈建议"可考虑优先开办"；而相反愈认为是没有明显有助的培训技能课程，则"可

考虑稍后开办"。结果发现，渔民认为较大帮助的是制冷工和电工，而托儿所保育员、养老护理员、社团助理员、文职助理员只有些微帮助。其他显著值大于 0.05 的培训项目则代表未被视为明显有助或没有助的项目（见表 9–4–1）。建议政府继续开办培训技能课程，（按序）考虑优先开办制冷工及电工，考虑稍后开办其他课程（见表 9–4–2）。

表 9–4–1　培训技能课程——建议思考点评价指标

平均值＞2.5	可考虑优先开办
显著值大于 0.05（不显著）或平均值＜2.5	可考虑稍后开办

表 9–4–2　培训技能课程——建议思考点

项　　目	平均值*	显著值	建议思考点
制冷工	2.78	0.00	可考虑优先开办
电　工	2.71	0.03	可考虑优先开办
厨务助理	2.57	0.54	可考虑稍后开办
木工及装修工	2.54	0.67	可考虑稍后开办
中式点心工	2.43	0.55	可考虑稍后开办
普通话	2.42	0.47	可考虑稍后开办
中式侍应	2.36	0.2	可考虑稍后开办
中式厨艺工	2.33	0.13	可考虑稍后开办
酒店房务	2.33	0.14	可考虑稍后开办
托儿所保育员	2.19	0.01	可考虑稍后开办
养老护理员	2.11	0.00	可考虑稍后开办
社团助理员	2.10	0.00	可考虑稍后开办
文职助理员	1.91	0.00	可考虑稍后开办

（五）其他建议思考点

1. 响应各渔船作业类型的渔业扶助项目之诉求

渔民认为最有帮助的首三项是提供购买或建造渔船补贴、提供紧急维修渔船补贴及休渔期渔船停泊设备损耗补贴。建议政府可考虑进一步根据渔民对某些项目的诉求作出可行性扶助措施（见表9-5-1）。（平均值：1= 将会没有帮助；2= 将会有些微帮助；3= 将会有颇大帮助；4= 将会有极大帮助。例如，表9-5-1所示，远洋深海作业显著比其他渔船作业类型较需要休渔期渔船停泊设备损耗补贴。）

表9-5-1　各渔船作业类型对各假设性渔业扶助项目之诉求[①]（平均值）

	远洋深海作业	沿海作业	本地附近水域作业	x^2
提供渔业免税额	—	✓ 3.27	—	*p<0.05
提供渔船柴油补贴	✓ 3.57	—	—	*p<0.05
提高紧急维修渔船免息贷款金额	—	✓ 3.44	—	*p<0.05
提高购买或建造渔船免息贷款金额	—	—	✓ 3.47	*p<0.05
休渔期渔船停泊设备损耗补贴	✓ 3.70	—	—	*p<0.05
经营紧急经济援助	—	✓ 3.46	—	*p<0.05
天灾紧急经济援助	—	✓ 3.68	—	*p<0.05
提供紧急维修渔船补贴	—	✓ 3.93	—	*p<0.05
提供购买或建造渔船补贴	—	✓ 3.80	—	*p<0.05
远洋捕鱼经济扶助	✓ 3.47	—	—	*p<0.05

[①]　显著值如小于0.05，代表受访渔民对该项目有明显性的关注；平均值用作判断其"有助程度"的结果。

续表

	远洋深海作业	沿海作业	本地附近水域作业	X^2
远洋捕鱼知识及技术培训	✓ 3.20	–	–	*p＜0.05
休闲渔业发展扶助	–	✓ 3.07	–	*p＜0.05
提高休渔期培训计划津贴额	–	✓ 3.78	–	*p＜0.05
休渔期培训计划扩展至全年时间进行				
海水养殖发展扶助	–	–	–	
创业资金扶助	✓ 3.30	–	–	
非渔业行业技能培训	–	–	–	

* 表内显著值，如小于 0.05（p＜0.05），代表受访渔民对该项目有明显性的关注；平均值：1=
将会没有帮助；2= 将会有些微帮助；3= 将会有颇大帮助；4= 将会有极大帮助（3 分以下不
作比较）。

2. 分类扶助①

建议政府可考虑把对渔民的扶助分为财务扶助和非财务扶助，以"较轻度扶助"和"较重度扶助"分别判断于远洋深海作业渔船、沿海作业渔船和本地附近水域作业渔船三种渔业作业类型（见表9-5-2a／9-5-2b）。

_____

① 调查整体发现各渔船作业类型对各扶助项目有不同程度的诉求差异，而扶助项目基本上可分为财务性扶助和非财务性扶助，故分类扶助的建议是基于行业扶助的种类性、公平性和平衡性额外提出的思考点，非建基于指标判断。

表 9-5-2a 财务性扶助

	渔船财务扶助[①]	非渔船财务扶助[②]
远洋深海作业	较重度扶助	较轻度扶助
沿海作业	较轻度扶助	较重度扶助
本地附近水域作业	较轻度扶助	较重度扶助

表 9-5-2b 非财务性扶助

	行政手续简化优待扶助[③]	澳门市场销售优待扶助[④]
远洋深海作业	较重度扶助	较轻度扶助
沿海作业	较轻度扶助	较重度扶助
本地附近水域作业	较轻度扶助	较重度扶助

---

① 由于远洋深海作业之渔船在日常作业之成本比较高，因此建议为此类渔船就日常维修及操作等项目提供较重度之"渔船财务扶助"；而相对地，沿海作业和本地附近水域作业渔船在日常作业之成本比较低，所以建议把较重度之扶助放于此类渔民之个人日常生活津贴等项目上，称之为"非渔船财务扶助"。

② 有关个人日常生活津贴等扶助。

③ 给予该类渔民在行政手续上较简化及优待等扶助。

④ 给予该类渔民在澳门鱼市场销售渠道较优待等扶助。

十、附　件

（一）澳门渔业发展调查问卷

	（一）渔民生活与工作现况	
1.	渔船是哪一类型渔船？ 1.□虾艇　2.□网艇　3.□拖网　4.□掺缯　5.□其他：＿＿＿＿＿	V1（　）
2.	渔船是哪一类型作业？ 1.□远洋深海作业（跳答第4题）　2.□沿海作业　3.□本地附近水域作业	V2（　）
3.	渔民是否或会否计划发展深海渔业？ 1.□暂时不会计划　2.□可能计划　3.□已有计划	V3（　）
4.	渔船船身是哪一类型材料？ 1.□木质　2.□钢质　3.□玻璃纤维　4.□其他：＿＿＿＿＿	V4（　）
5.	渔船通常在哪里补给？（选一最主要） 1.□中国内地　2.□澳门　3.□香港　4.□其他：＿＿＿＿＿	V5（　）
6.	渔船通常每次出海作业多少天？＿＿＿＿＿天	V6（　）
7.	渔船每次出海有多少亲人参与？＿＿＿＿＿人	V7（　）
8.	渔船有多少个中国内地渔工？＿＿＿＿＿人	V8（　）
9.	渔船通常泊在哪个地区出售渔获？ 1.□中国内地　2.□澳门　3.□香港　4.□其他地区：＿＿＿＿＿	V9（　）
10.	渔船渔获通常以何种途径出售（选一）？ 1.□自售街市　2.□交售鱼栏　3.□交售鱼市场 4.□交售渔艇　5.□交售鱼商　6.□交售鱼贩	V10（　）

11.	近五年渔获情况如何？ 1.□不断减少　2.□平稳（没多没少）　3.□增加					V11（　）
12.	请渔民以 1 至 4 来表示及比较以下七个项目对现今澳门渔民渔业经营的影响程度。					
	1= 没有影响 2= 些微影响 3= 颇大影响 4= 严重影响	1. 填海	→		（　）	V12（　）
		2. 海水污染	→		（　）	V13（　）
		3. 油价上升	→		（　）	V14（　）
		4. 渔船设备成本上升	→		（　）	V15（　）
		5. 聘请工人困难	→		（　）	V16（　）
		6. 澳门渔船捕鱼竞争	→		（　）	V17（　）
		7. 内地渔船捕鱼竞争	→		（　）	V18（　）

（二）渔民对行政当局之渔业政策的看法

13.	请渔民对以下行政当局之渔业政策／工作的看法如何？					
	1= 极需改善 2= 稍需改善 3= 颇完善 4= 十分完善	1. 休渔期时间安排	1□	2□	3□	4□ V19（　）
		2. 渔获检疫安排	1□	2□	3□	4□ V20（　）
		3. 泊岸及卸货的辅助设施	1□	2□	3□	4□ V21（　）
		4. 行政手续服务水平	1□	2□	3□	4□ V22（　）
		5. 休渔期培训计划	1□	2□	3□	4□ V23（　）
		6. 渔船观光业计划	1□	2□	3□	4□ V24（　）
		7. 渔业基金贷款援助政策	1□	2□	3□	4□ V25（　）
		8. 经济紧急援助政策	1□	2□	3□	4□ V26（　）

（三）渔民对澳门渔业未来发展的看法

14.	渔民对从事捕鱼所获的收入是否满意？ 1.□不满意　2.□尚满意　3.□极满意　4.□没意见	V27（　）
15.	现在渔民的下一代子女是否正从事渔业？ 1.□没有子女　2.□全部子女都没有从事 3.□个别子女还有从事　4.□全部子女正在从事	V28（　）
16.	渔民个人是否希望渔民的下一代子女从事捕鱼业？ 1.□不希望　2.□希望　3.□没意见	V29（　）
17.	渔民认为现今从事渔业困难吗？ 1.□非常困难　2.□困难　3.□还可以　4.□容易	V30（　）

18.	渔民有否打算转业?						V31（　）
	1.□暂时不会转业（跳答第20题）　2.□或者会转业						
	3.□准备转业　4.□已经转业（跳答第20题）						
19.	渔民希望转到什么行业？（选一）						V32（　）
	1.□博彩业　2.□酒店业　3.□公务员　4.□银行业						
	5.□保险业　6.□餐饮业　7.□物流业　8.□建筑业						
	9.□零售业　10.□会展业　11.□其他：_____　12.□未知						
20.	渔民个人较希望特区政府在哪一方面给予扶助？（选一）						V33（　）
	1.□渔业扶助　2.□转业扶助						
21.	以下是一些假设性的渔业扶助项目，倘若政府实施扶助，渔民认为各项目对现今澳门渔业发展将会带来的帮助有多大？						

21.			1	2	3	4	
	1=将会没有帮助 2=将会有些微帮助 3=将会有颇大帮助 4=将会有极大帮助	1. 提供渔业免税额	1□	2□	3□	4□	V34（　）
		2. 提供渔船柴油补贴	1□	2□	3□	4□	V35（　）
		3. 提高紧急维修渔船免息贷款金额	1□	2□	3□	4□	V36（　）
		4. 提高购买或建造渔船免息贷款金额	1□	2□	3□	4□	V37（　）
		5. 休渔期渔船停泊设备损耗补贴	1□	2□	3□	4□	V38（　）
		6. 经营紧急经济援助	1□	2□	3□	4□	V39（　）
		7. 天灾紧急经济援助	1□	2□	3□	4□	V40（　）
		8. 提供紧急维修渔船补贴	1□	2□	3□	4□	V41（　）
		9. 提供购买或建造渔船补贴	1□	2□	3□	4□	V42（　）
		10. 远洋捕鱼经济扶助	1□	2□	3□	4□	V43（　）
		11. 远洋捕鱼知识及技术培训	1□	2□	3□	4□	V44（　）
		12. 休闲渔业发展扶助	1□	2□	3□	4□	V45（　）
		13. 提高休渔期培训计划津贴额	1□	2□	3□	4□	V46（　）
		14. 休渔期培训计划扩展至全年时间进行	1□	2□	3□	4□	V47（　）
		15. 海水养殖发展扶助	1□	2□	3□	4□	V48（　）
		16. 创业资金扶助	1□	2□	3□	4□	V49（　）
		17. 非渔业行业技能培训	1□	2□	3□	4□	V50（　）

22.	渔民认为以下各培训技能课程对渔民转业帮助有多大？						
	1= 没有帮助 2= 些微帮助 3= 颇有帮助 4= 很大帮助	1. 木工及装修工	1 ☐	2 ☐	3 ☐	4 ☐	V51（　）
		2. 电工	1 ☐	2 ☐	3 ☐	4 ☐	V52（　）
		3. 制冷工	1 ☐	2 ☐	3 ☐	4 ☐	V53（　）
		4. 文职助理员	1 ☐	2 ☐	3 ☐	4 ☐	V54（　）
		5. 社团助理员	1 ☐	2 ☐	3 ☐	4 ☐	V55（　）
		6. 普通话	1 ☐	2 ☐	3 ☐	4 ☐	V56（　）
		7. 酒店房务	1 ☐	2 ☐	3 ☐	4 ☐	V57（　）
		8. 中式侍应	1 ☐	2 ☐	3 ☐	4 ☐	V58（　）
		9. 厨务助理	1 ☐	2 ☐	3 ☐	4 ☐	V59（　）
		10. 中式点心工	1 ☐	2 ☐	3 ☐	4 ☐	V60（　）
		11. 中式厨艺工	1 ☐	2 ☐	3 ☐	4 ☐	V61（　）
		12. 托儿所保育员	1 ☐	2 ☐	3 ☐	4 ☐	V62（　）
		13. 养老护理员	1 ☐	2 ☐	3 ☐	4 ☐	V63（　）
23.	渔民最希望政府可以提供哪方面的转业培训？（选一） 1.☐博彩业培训　2.☐酒店业培训　3.☐银行业培训 4.☐保险业培训　5.☐餐饮业培训　6.☐物流业培训 7.☐建筑业培训　8.☐零售业培训　9.☐会展业培训 10.☐远洋捕鱼知识及技术培训　11.☐其他：_____　12.☐没有意见						V64（　）
24.	渔民认为澳门渔业在未来二十年的发展将会是怎样？ 1.☐绝迹　2.☐式微　3.☐平稳　4.☐兴旺						V65（　）
（四）个人资料							
25.	渔民的年龄是：_____岁						V66（　）
26.	渔民所持身份证是哪类？ 1.☐澳门身份证　2.☐香港身份证　3.☐两者均有						V67（　）
27.	渔民的教育程度是： 1.☐未受过正式教育　2.☐小学程度　3.☐初中程度 4.☐高中程度　5.☐大学或以上						V68（　）
28.	渔民是否已婚？　1.☐是　2.☐否						V69（　）
29.	渔民有多少个子女？_____个　☐没有						V70（　）
30.	渔民有多少个兄弟姊妹？_____个　☐没有						V71（　）
31.	渔民兄弟姊妹全部加起来总共有多少位子女？_____个						V72（　）

调查员记录

题号	其他意见

（二）照片：澳门渔民互助会进行调查访问

（三）"专家访谈"及"深层访问"工作简介

• 2013 年 6 月 7 日港务局代表与项目主持人首次拜会澳门渔民互助会。

• 第一阶段"专家访谈"——约见澳门渔民互助会代表了解现况，作为第三阶段调查问卷设计之基础；"专家访谈"于 2013 年 6 月 21 日在河边新街二十四号 A 广进大厦一楼 AB 座，澳门渔民互助会进行。澳门渔民互助会邀请了 7 位渔会会员代表在该会进行了两小时座谈会，项目主持人借此收集相关意见。

• 第二阶段"深层访问"——约见在业或已退休渔民。于 2013 年 6 月 22 日在澳门渔民互助会进行。澳门渔民互助会邀请了在业及已退休之渔民在该会于上、下午进行了两组共四小时之深层访问，项目主持人借此收集相关意见。

• "专家访谈"及"深层访问"之议题包括：

1. 渔民工作现况；

2. 对行政当局渔业政策的看法；

3. 渔民对澳门渔业未来发展的看法。

责任编辑：李媛媛

装帧设计：汪 莹

图书在版编目（CIP）数据

澳门渔业发展调查／吴绍宏 著 . - 北京：人民出版社，2015.6

ISBN 978 - 7 - 01 - 014800 - 7

I.①澳… II.①吴… III.①渔业经济 - 经济史 - 澳门 IV.① F326.476.59

中国版本图书馆 CIP 数据核字（2015）第 086773 号

澳门渔业发展调查
AOMEN YUYE FAZHAN DIAOCHA

吴绍宏 著

人民出版社 出版发行
（100706 北京市东城区隆福寺街 99 号）

北京中科印刷有限公司印刷 新华书店经销

2015 年 6 月第 1 版 2015 年 6 月北京第 1 次印刷

开本：710 毫米 × 1000 毫米 1/16 印张：8.5

字数：102 千字 印数：0,001 - 2,000 册

ISBN 978 - 7 - 01 - 014800 - 7 定价：25.00 元

邮购地址 100706 北京市东城区隆福寺街 99 号

人民东方图书销售中心 电话（010）65250042 65289539